FACULTÉ DE DROIT DE PARIS

# THÈSE
## POUR LE DOCTORAT

### DROIT ROMAIN
DE LA RÉVOCATION DES ACTES FAITS PAR LE DÉBITEUR
EN FRAUDE DES DROITS DE SES CRÉANCIERS

### DROIT FRANÇAIS
DES EFFETS DU JUGEMENT DÉCLARATIF DE FAILLITE

PAR

**Fernand DUFLOS**
Avocat à la cour d'Appel de Paris

PARIS
TYPOGRAPHIE LAHURE
9, RUE DE FLEURUS, 9

1875

FACULTÉ DE DROIT DE PARIS

## DROIT ROMAIN
### DE LA RÉVOCATION DES ACTES FAITS PAR LE DÉBITEUR EN FRAUDE DES DROITS DE SES CRÉANCIERS

## DROIT FRANÇAIS
### DES EFFETS DU JUGEMENT DÉCLARATIF DE FAILLITE

## THÈSE POUR LE DOCTORAT

SOUTENUE LE 22 DÉCEMBRE 1875

PAR

### FERNAND DUFLOS

Né à Abbeville (Somme), le 2 avril 1851

*Président* : M. BONNIER, *Professeur*.

*Suffragants* :
- MM. RATAUD,
- DEMANTE,
- LABBÉ,

*Professeurs*.

RENAULT, *Agrégé*.

Le candidat répondra en outre aux questions qui lui seront faites sur les autres matières de l'enseignement

PARIS
TYPOGRAPHIE LAHURE
9, RUE DE FLEURUS, 9

1875

A LA MÉMOIRE

DE MON ONCLE M. ALEXANDRE DUFLOS

—

A MA GRAND'MÈRE

A MON PÈRE — A MA MÈRE

# DROIT ROMAIN.

## DE LA RÉVOCATION DES ACTES FAITS PAR LE DÉBITEUR EN FRAUDE DES DROITS DE SES CRÉANCIERS.

Nous nous proposons d'étudier principalement l'action Paulienne, à laquelle Justinien a consacré deux titres, l'un au Digeste, l'autre au Code[1]. Il est nécessaire d'abord de jeter un rapide coup d'œil sur les voies d'exécution que le droit Romain offrait aux créanciers, et d'examiner brièvement, dans son ensemble, le système des diverses garanties qui leur étaient accordées contre les actes de leurs débiteurs faits en fraude de leurs droits, de voir quelle place y tenait l'action Paulienne, quand et comment elle y a été introduite. — Ces notions générales formeront la première partie de notre travail. Nous étudierons ensuite plus particulièrement dans une seconde partie ce qui concerne spécialement l'action Paulienne.

1. Quæ in fraudem creditorum facta sunt ut restituantur. (Dig. Liv. 42. Tit. 8.) — De revocandis his quæ in fraudem creditorum alienata sunt. (C. Liv. 7. Tit. 75.)

# PREMIÈRE PARTIE.

## CHAPITRE I.
### DES VOIES D'EXÉCUTION SUR LES DÉBITEURS EN DROIT ROMAIN.

PIGNORIS CAPIO. — NEXUM. — MANUS INJECTIO. — BONORUM SECTIO. — BONORUM VENDITIO. — BONORUM DISTRACTIO.

Assurer l'exécution des obligations, et pour cela fournir au créancier des garanties sérieuses et efficaces, sans toutefois entraver outre mesure la liberté du débiteur et sans ruiner inutilement son crédit, tel est le but que doit poursuivre toute législation bien faite. Telle a été d'ailleurs de tout temps la préoccupation des législateurs. Mais souvent ils sont tombés dans l'un ou l'autre des excès que nous venons de signaler.

Parmi les voies d'exécution qui sont ouvertes au créancier, les unes s'adressent à la personne, les autres aux biens du débiteur; nous n'avons pas à comparer ici le mérite de ces deux classes de garanties. Nous voyons qu'en général les voies d'exécution sur la personne, placées au premier plan dans les lois et appliquées sévèrement dans la pratique à l'origine des sociétés ont dû ensuite céder le pas aux voies d'exécution sur les biens, sous l'influence de la civilisation et de l'idée toujours croissante du respect dû à la liberté individuelle. Ce mouvement qui a dû se produire chez tous les peuples a été lent à s'accomplir chez les Romains, et il est intéressant pour nous, sinon de le suivre dans toutes ses phases, de fixer tout au moins l'époque de la grande révolution qui s'est accomplie sur ce point, car la révocation des actes faits par un débiteur en fraude des droits de ses créanciers nous est présentée comme un incident de la venditio bonorum, procédure d'exécution sur l'ensemble du patrimoine du débiteur[1].

Au début, c'est-à-dire à l'époque des actions de la loi, on sait que le demandeur obtenait une condamnation en nature. Il était facile, lorsqu'il s'agissait d'un procès relatif à un droit réel de procurer, au besoin à l'aide de la force publique, au plaideur qui obtenait gain de cause l'exercice du droit qui avait été reconnu lui appartenir. Mais en matière d'obligations, quoique la condamnation portât encore directement (à la différence de ce qui eut lieu plus tard sous le système formulaire) sur la chose demandée, le demandeur étant reconnu simplement créancier, on lui donnait action non pas sur les biens, mais sur la personne

---

1. Remplacée plus tard, sous Justinien, par la bonorum Distractio (vente en détail).

du débiteur. Nous ne trouvons alors mentionnée comme voie d'exécution sur les biens que la pignoris capio, qui s'appliquait seulement dans certains cas particuliers relatifs au service militaire, aux sacrifices ou au trésor public. Elle consistait en ce que le créancier était autorisé à s'emparer lui-même d'une chose appartenant à son débiteur, et que celui-ci ne pouvait désormais recouvrer qu'en payant. (Gaius § 26 à 29 c. IV). Peut-être trouverait-on dans les historiens quelques traces d'une voie d'exécution sur les biens autre que la pignoris capio[1]. Mais cette recherche nous conduirait au delà des limites que nous devons nous imposer. Nous pouvons néanmoins affirmer que l'exécution sur les biens n'occupe dans la législation ancienne de Rome qu'une place tout à fait accessoire, et que les jurisconsultes ne mentionnent pour cette époque que des moyens de coercition s'adressant à la personne du débiteur, celui qui sanctionnait le paiement de l'obligation contractée per æs et libram dans la forme du nexum, et l'action de la loi appelée Manus Injectio.

Le nexum était un engagement pour lequel on employait l'airain et la balance en se servant des formes et des mots consacrés. Festus le définit en ces termes : « *Nexum est, ut ait Gallus Aelius, quodcumque per æs et libram geritur, idque necti*

---

[1]. V. à ce sujet Tambour, Voies d'exécution, p. 7 à 34. Giraud, Traité des Nexi, p. 28 et suiv. Bonjean, t. II, § 391. Camus, Thèse de doctorat, p. 3 et 4.

*dicitur. Quo in genere sunt hæc: testamenti factio, nexi datio, nexi liberatio.* » Sans étudier les controverses qui se sont élevées au sujet de la nature et de la portée exacte de cet engagement, bornons-nous à mentionner qu'il était garanti par un mode particulier d'exécution atteignant la personne du débiteur. Le créancier avait le droit dans le cas de défaut de paiement à l'échéance d'emmener le débiteur chez lui et de le faire travailler jusqu'à extinction de la dette, de sorte que le nexus, quoique conservant en droit sa liberté et ne subissant pas de capitis deminutio, était traité en fait comme un esclave pendant un certain temps. — Le créancier pouvait-il aussi en vertu du nexum se saisir des biens du débiteur? Pouvait-il s'emparer de la personne des enfants ou petits enfants que celui-ci avait sous sa puissance? Ce sont là des points tout à fait problématiques et dont nous n'avons pas à chercher les solutions, pour lesquelles on paraît d'ailleurs réduit aux conjectures. Il nous suffit d'avoir constaté un point certain, à savoir que la garantie directe et principale du nexum consistait en un droit sur la personne du débiteur. Notons que la contrainte résultant du nexum était conventionnelle, que le créancier pouvait, à la différence de ce qui avait lieu dans tous les autres cas, agir de lui-même sans s'adresser à la justice.

La manus injectio sur laquelle Gaius nous donne quelques détails (§§ 21 à 26, c. iv) (en ce qui concerne toutefois le commencement de la procédure, car pour le reste il faut recourir à la loi des Douze Tables), se présentait sous trois aspects divers, la manus injectio judicati, la manus injectio pro judicato, et la manus injectio pura. La formalité caractéristique de l'action de la loi appelée manus injectio consiste dans une sorte de saisie corporelle de la personne du débiteur qui s'accomplissait in jure, devant le magistrat. Elle avait lieu (nous parlons ici de la manus injectio proprement dite, de la manus injectio judicati), aux termes de la loi des Douze Tables, dans le cas de chose jugée ou d'aveu d'une dette d'argent (*æris confessi rebusque jure judicatis*). Le débiteur avait d'abord trente jours pour s'acquitter. Ce délai expiré, s'il ne payait pas, son adversaire l'appelait devant le magistrat, in jure et là il prononçait des paroles sacramentelles en le saisissant par quelque partie du corps. Dès ce moment le débiteur traité en fait comme esclave ne pouvait plus se défendre lui-même (*non ei licebat pro se lege agere*). Il était obligé de fournir un vindex, espèce de répondant qui agissait pour lui. A défaut de cela il était immédiatement adjugé par le magistrat au demandeur qui l'emmenait comme prisonnier. Il n'était pas encore esclave de droit ; mais sa condition était déjà en fait bien misérable, puisque la loi des Douze tables crut devoir fixer le minimum de sa nourriture et le maximum du poids des fers dont il pourrait être chargé. Cette condition du débiteur se prolongeait pendant soixante jours, pendant lesquels il devait être présenté trois fois devant le magistrat, un jour de marché ; là on proclamait la somme pour laquelle il était *addictus;* c'était un moyen d'avertir ses parents et ses amis et de les inviter à payer sa dette pour le dégager[1]. Le délai de soixante jours expiré, à défaut de paiement après la troisième publication, il était définitivement esclave. Le créancier pouvait le mettre à mort ou le vendre à l'étranger au delà du Tibre. S'il y avait plusieurs créanciers, ils pouvaient le couper en morceaux et se partager les morceaux de son corps. On a peine à comprendre cette dernière disposition si barbare et si bizarre en même temps. El' ne servait qu'à intimider les débiteurs et en fait elle ne fut jamais appliquée[2].

Depuis la loi des Douze Tables, plusieurs autres lois accordèrent la manus injectio dans différents cas, comme s'il y avait eu sentence ; c'est la manus injectio pro judicato donnée par exemple

---

[1]. Remarquons que cette idée se trouve dans les législations actuelles en ce qui concerne la contrainte par corps qui, chez nous, depuis qu'elle a été abolie en principe par la loi de 1867, n'existe plus que pour certains cas exceptionnels. Ne pourrait-on pas dire que c'est là précisément un des mauvais côtés des voies d'exécution sur la personne de spéculer, pour ainsi dire, sur l'affection des parents et amis du débiteur, et d'aboutir à faire le plus souvent payer les dettes par d'autres que l'obligé.

[2]. Aulu-Gelle, Nuits attiques, xx, 1.

[3]. Quintilien, Inst. or., iii, 6.

dans certains cas aux sponsores par les lois Publilia et Furia de sponsu.

On sait en outre que plusieurs lois dont la date est ou inconnue ou fixée seulement par conjecture et parmi lesquelles Gaius cite la loi Furia Testamentaria en matière de legs, et une loi Marcia en matière d'usure, donnèrent la manus injectio avec des effets moins rigoureux, en ce sens que le débiteur pouvait la repousser et se défendre lui-même. Il n'y avait pas là d'assimilation au cas de jugement prononcé; aussi ne l'appelait-on pas manus injectio pro judicato, mais manus injectio pura.

Telles étaient les voies d'exécution qui existaient à Rome sous le système des actions de la loi et qui se conservèrent telles que nous venons de les exposer jusqu'à la loi Pœtilia, c'est-à-dire jusque vers l'an 429 de Rome. Cette loi supprima le nexum et si elle n'abolit pas l'addictio personæ, elle l'adoucit dans une notable mesure; c'est ainsi qu'elle déclare en termes généraux que personne ne pourra plus être tenu enchaîné si ce n'est le criminel condamné à mort en attendant le jour de son supplice.

Ces réformes étaient d'ailleurs réclamées par une nécessité impérieuse, car la plupart des rév lutions qui agitèrent la République romaine euren pour cause la condition déplorable des débiteurs ; on comprend, en effet, sans peine, d'après les indications qui précèdent les fréquentes insurrections de la plèbe, et les haines que devait soulever l'application d'un pareil système dont on a même peine aujourd'hui à comprendre la mise en pratique. Désormais les voies d'exécution sur les biens, vont prendre la première place dans la législation.

Nous arrivons ainsi à la bonorum venditio, qui fut le moyen d'exécution véritablement propre au système formulaire. L'idée de la vente in globo du patrimoine d'un débiteur a été tirée de la bonorum sectio, procédure qui s'appliquait en droit civil lorsqu'une condamnation était prononcée au profit du trésor public, ou lorsque sur une accusation publique la confiscation avait été ordonnée contre un citoyen. Le magistrat, le préteur envoyait en possession de l'universalité des biens du condamné les questeurs du Trésor qui les faisaient vendre en bloc suivant certaines formes. Les biens étaient acquis au plus fort enchérisseur qui succédait ainsi, *in universum jus*, à celui dont les biens étaient vendus. On appelait sector cet adjudicataire. Cette voie d'exécution fut généralisée et étendue aux débiteurs des particuliers par le préteur Publius Rutilius au commencement du septième siècle de la fondation de Rome. Voilà la bonorum venditio; la procédure en a été calquée à peu près sur celle de la manus injectio, ainsi qu'on va le voir.

Les créanciers s'adressent au magistrat qui les envoie en possession des biens du débiteur. C'est envoi en possession peut avoir lieu dans différents cas; il faut d'abord distinguer si le débiteur est vivant ou s'il est mort; s'il est vivant, l'envoi peut avoir lieu : 1° En général dans les cas où il est *indefensus*, c'est-à-dire lorsqu'il se cache pour se soustraire aux poursuites de ses créanciers, lorsqu'il est absent et que personne ne se présente pour prendre son fait et cause, lorsqu'il refuse de se défendre ou qu'il est incapable. (V. L. 52 *de regulis juris*. L. 10 *ex quibus causis*), enfin dans le cas d'une restitutio in integrum accordée aux créanciers à la suite d'une minima capitis deminutio, si le défendeur à l'action utile ne se présente pas; 2° lorsqu'il a fait cession de biens à ses créanciers, en vertu de la loi Julia ; 3° lorsqu'après avoir été condamné par le juge, il a laissé passer les délais légaux sans exécuter la condamnation. — S'il s'agit d'un débiteur mort, l'envoi a lieu lorsqu'il est certain que le défunt n'a ni héritier testamentaire, ni héritier ab intestat, ni successeur prétorien.

Cet envoi en possession que le préteur prononce par un décret rendu *cognita causa*, sur la demande des créanciers réunis en assemblée ne confère pas à ceux-ci la propriété, mais seulement la détention des biens de leur débiteur et un *pignus prætorium* (gage prétorien) au profit de la masse. Ce pignus prætorium diffère à plusieurs points de vue du pignus ordinaire. — Le débiteur se trouve dessaisi de l'administration de son patrimoine. L'administration appartient désormais aux créanciers; par qui ce droit est-il exercé? — Il peut l'être par le créancier lui-même lorsqu'il n'y en a qu'un; s'il y en a plusieurs, comme il est difficile que tous administrent concurremment, il est exercé habituellement par un seul d'entre eux désigné par eux. (L. 9, *pr. de reb, auct. jud.* — L. 8, § 1, cod. tit. L. 15 cod. tit.) S'ils ne peuvent s'accorder sur le choix, le préteur désigne celui qui sera chargé d'administrer. Notons toutefois qu'il n'est pas nécessaire que le curateur ainsi nommé soit un créancier. Ce peut être un étranger. (L. 2, § 4 *De curat. bonis dando.* D. 42-7.)

L'envoi en possession qui, comme on le voit, entre autres effets importants, opère le dessaisissement du débiteur, doit être rendu public par affiches in celeberrimis locis. Cette formalité de publicité porte le nom de proscriptio. Il n'y a rien de bien déterminé quant au délai dans lequel les affiches doivent être apposées; tout ce que nous savons d'après Gaius, c'est que le décret d'envoi en possession doit contenir aussi l'ordre de faire la proscriptio. Théophile nous donne la teneur de ces affiches : « *ille debitor noster in ea causa est ut bona ejus divendi debeant; nos creditores patrimonium ejus distrahimus; quicumque emere velit adesto.* » Cette proscriptio avertit les tiers du désaisissement, elle prévient les créanciers qui ignorent la poursuite, elle invite les acheteurs à se présenter.

Les créanciers sont protégés par un interdit particulier destiné à garantir la détention qui leur a été accordée. C'est l'interdit *ne vis fiat ei qui in possessionem missus est.*

Après avoir obtenu l'envoi en possession, les créanciers doivent, avant de réclamer la vente des biens, laisser passer un certain délai qui est de trente jours s'il s'agit des biens d'un débiteur vivant, de quinze jours si le débiteur est décédé. Puis ils demandent au préteur l'autorisation de choisir parmi eux un magister chargé de procéder à la vente (*magister bonorum vendendorum*).— Ce magister est un personnage qu'il ne faut pas confondre avec le curateur dont nous avons parlé plus haut. Le curateur est chargé de l'administration des biens; le magister a pour seule fonction de s'occuper de la vente, de la diriger et de la conclure.

Quelques jours après la nomination de ce magister[1], *paucis diebus elapsis* (dit Théophile), les créanciers demandent au préteur l'autorisation de rédiger la *lex bonorum vendendorum* (ce que nous appellerions aujourd'hui le cahier des charges.) Les conditions de cette vente sont proposées par le magister dans une assemblée générale des créanciers. Théophile nous donne un modèle de cette lex : *Ea quicumque emerit creditoribus in (dimidiam?) partem earum quæ ipsis*

---

1. Il pourrait y en avoir plusieurs.

*debentur respondere debet sicut cui centum aurei debentur accipiat quinquaginta et cui ducenti accipiat centum.* » Elle contient une énumération des biens et un état des dettes du débiteur.

Enfin, après un dernier sursis de trente jours, si le débiteur est vivant, de vingt s'il est mort, pendant lequel on peut encore faire cesser l'envoi en possession en donnant satisfaction aux créanciers, l'adjudication du patrimoine a lieu au plus offrant. Le prix est un tant pour cent des dettes ; celui qui offre le dividende le plus élevé reste adjudicataire. Cet adjudicataire (*bonorum emptor*) est un successeur prétorien, une sorte de *bonorum possessor* qui actionne et qui est actionné utilement. Au lieu de devenir propriétaire ex jure Quiritium comme le *sector*, le *bonorum emptor* a simplement les biens *in bonis* sauf à acquérir la propriété quiritaire au moyen de l'usucapion.

Sous Justinien, cette vente en masse est remplacée par la *bonorum distractio* ou vente en détail. L'acheteur ne succède plus aux droits du débiteur que relativement à un bien déterminé ; le prix ne consiste plus en un dividende, mais en une somme représentative de la valeur même de la chose. Enfin notons comme dernière différence entre la bonorum venditio et la bonorum distractio que cette dernière n'emporte pas infamie pour le débiteur.

Nous avons terminé l'exposition de la procédure de la bonorum venditio; nous avons vu comment le prêteur était arrivé à poser et appliquer d'une manière générale ce principe si simple et si naturel, et que l'on s'étonne de ne pas trouver déjà nettement formulé dans l'ancien droit romain, à savoir que celui qui s'oblige engage son avoir. — Ainsi les créanciers ont une sorte de droit de gage général sur le patrimoine de leur débiteur, sur le patrimoine tel qu'il se compose, non pas au jour où l'obligation est contractée, mais au jour où les poursuites sont exercées. Il ne serait pas admissible en effet que le fait d'avoir contracté une obligation enlevât au débiteur le droit de modifier désormais son patrimoine par aucun acte juridique; il peut donc, jusqu'au jour où la *missio in possessionem* lui retirera l'administration de ses biens, faire librement tels actes qu'il voudra et dont le résultat pourra être soit d'augmenter, soit de diminuer sa fortune; ses créanciers profiteront de ces augmentations ou devront subir ces diminutions. Ils ont bien, en effet, un droit sur les biens de leur débiteur; mais celui-ci est censé les représenter. Ils sont réputés avoir ratifié d'avance tous ses actes, du moment qu'ils n'ont exigé aucune sûreté particulière et que la loi ne leur accorde aucune situation privilégiée. Mais pour cela il faut que le débiteur ait agi avec la plus entière bonne foi; si en faisant un acte juridique quelconque il a su que par cet acte il se rendait insolvable ou qu'il augmentait son insolvabilité, il est évident que ceux qui en souffrent, ses créanciers, ne peuvent plus être censés l'avoir tacitement autorisé. Aussi le législateur a-t-il dû, à l'aide de différents procédés, effacer, annuler, à l'égard des créanciers, les actes faits sciemment par le débiteur à leur préjudice; à cet effet le droit civil et le droit prétorien ont ouvert plusieurs voies de recours que nous allons tout d'abord examiner, la loi Ælia Sentia, l'action Favienne, l'action Calvisienne, l'interdit fraudatoire, l'action Paulienne. Quelle est la portée de chacune de ces voies de recours? Dans quel ordre se présentent-elles dans la législation romaine? C'est ce que nous allons rechercher.

## CHAPITRE II.

### DES DIFFÉRENTES VOIES DE RECOURS ACCORDÉES AUX CRÉANCIERS CONTRE LES ACTES DE LEURS DÉBITEURS.

**LOI ÆLIA SENTIA. — ACTIONS FAVIENNE ET CALVISIENNE. INTERDIT FRAUDATOIRE. — ACTION PAULIENNE.**

L'action Paulienne, à cause du grand nombre de cas dans lesquels elle pouvait être intentée, est de beaucoup la plus importante de ces institutions; mais avant de l'étudier, plusieurs points doivent être mis en lumière, et il sera intéressant de savoir à quelle époque se place son apparition dans le droit prétorien, notamment si elle est antérieure ou postérieure à la loi Ælia Sentia dans laquelle le droit civil donne aux créanciers dans une hypothèse spéciale le droit de regarder comme non avenu un acte juridique fait par leur débiteur.

La loi Ælia Sentia portée à la fin du règne d'Auguste (en 757 de Rome, 5 de J. C.) contenait plusieurs chefs relatifs aux affranchissements et restreignait à cet égard les droits du maître dans différents cas ; une seule de ses dispositions nous intéresse, c'est celle qui déclare nul tout affranchissement fait par un débiteur en fraude des droits de ses créanciers. Cette règle a été conservée dans le droit de Justinien.

« *Is qui, in fraudem creditorum manumittit,* disent Gaius et après lui Justinien, *nihil agit, quia lex Ælia Sentia impedit libertatem.* Quelles sont les conditions que doit remplir l'affranchissement pour être nul aux termes de la loi Ælia Sentia? — Justinien en exige deux, l'*eventus damni* et le *consilium fraudis.* L'*Eventus damni,* c'est-à-dire qu'il faut que l'affranchissement soit dommageable pour les créanciers. Il faut que leur débiteur en faisant sortir de son patrimoine un de ses esclaves, se rende insolvable ou augmente son insolvabilité ; *le consilium fraudis,* c'est-à-dire que la loi ne s'appliquera que si le débiteur a su en affranchissant qu'il créait ou augmentait son insolvabilité.

Gaius ne fait pas mention de cette seconde condition, et il n'y a rien là qui doive nous étonner, car les termes du passage correspondant de Justinien indiquent suffisamment qu'il y avait eu controverse sur ce point dans le droit antérieur : « *Prævaluisse tamen videtur nisi animum quoque fraudandi manumissor habuerit non impediri libertatem quamvis bona ejus creditoribus non sufficiant.*

Lorsque les conditions exigées existent, l'affranchissement est nul, même si le débiteur meurt laissant un héritier solvable. (Loi 5, pr. D. *Qui a quibus man.*; loi 57, D. *De manum. testam.*[1]).

---

[1]. Notons toutefois, en ce qui concerne les affranchisse-

Un seul tempérament était apporté au principe rigoureux de la loi Ælia Sentia. On sait combien les Romains tenaient à ne pas mourir intestats, à quel point ils tenaient à laisser après eux un héritier qui continuât le culte du foyer domestique et les sacrifices périodiques aux divinités de la famille. Mais outre cela, quand le défunt était insolvable, si l'héritier institué répudiait la succession (ce qui devait arriver souvent), ses biens étaient, comme nous l'avons vu, vendus en masse, ce qui emportait infamie. — On permit en conséquence au débiteur insolvable d'affranchir par testament et d'instituer héritier l'un de ses esclaves. Cet esclave était héritier nécessaire, c'est-à dire qu'il ne pouvait répudier la succes-

---

ments par acte de dernière volonté, une différence entre le legs de liberté qui ne peut être fait que par testament au profit de l'esclave dont le testateur a la propriété au moment de son testament et au moment de son décès, et le fidéicommis de liberté qui peut se trouver dans un codicille, au profit de l'esclave d'autrui, à la charge de l'héritier ab intestat et qui donne à l'affranchi pour patron la personne chargée de l'affranchir. Dans le premier cas l'esclave devient libertus orcinus, affranchi du défunt, sans le fait de l'héritier. Dans ce cas la loi Ælia Sentia s'applique, et un pareil affranchissement n'est nul que s'il est fait en fraude des créanciers (c'est-à-dire, s'il y a à la fois *consilium fraudis et eventus damni*). Dans le second cas, au contraire, le fidéicommis de liberté étant une espèce de charge imposée à l'héritier, est soumis comme un legs ou un fidéicommis ordinaires à la règle nemo *liberalis nisi liberatus*. Tant que les créanciers ne sont pas désintéressés, l'affranchissement ne peut avoir d'effet, quand bien même le testateur aurait agi avec la plus entière bonne foi.

sion de son maître; c'était donc sous son nom et non sous celui du défunt que la vente des biens était faite; c'était lui qui encourait l'infamie. On ne pouvait affranchir ainsi qu'un seul esclave; si le testament donnait la liberté à plusieurs, le premier nommé seul en profitait. S'il s'agissait de deux esclaves portant le même nom, les deux affranchissements étaient nuls. Justinien décida que l'institution d'héritier rendrait l'esclave libre, sans que le testateur eût besoin de l'affranchir expressément.

Si l'esclave devient libre ici au mépris des droits des créanciers, c'est uniquement afin que le maître ne meure pas intestat; aussi devons-nous noter cette particularité que si un homme libre substitué vulgairement à l'esclave consent à faire adition, il exclut celui-ci. C'est le seul cas où un substitué exclut un institué.

Remarquons qu'aux termes de la loi Ælia Sentia, l'affranchissement fait par le débiteur en fraude de ses créanciers est regardé comme inexistant; ainsi les créanciers qui invoquent cette loi ne demandent pas que l'affranchissement soit révoqué; ils prétendent qu'il est à leur égard inexistant. « *Qui in fraudem creditorum manumittit, nihil agit* », disent les textes. Nous verrons qu'il n'en est pas de même de l'action Paulienne, qui tend à faire rescinder un acte dont on reconnaît l'existence. Cette différence tient à ce que les Romains considéraient la liberté comme sacrée et irrévocable. Aussi tenaient-ils l'affranchissement pour inexistant, afin de n'avoir pas à l'attaquer et à l'annuler.

Pendant combien de temps les créanciers pouvaient-ils user du secours que leur offrait la loi Ælia Sentia? Aucun texte ne répond directement à la question. Nous avons bien la loi 16, § 3, D. *qui et a quibus man.*, qui parle d'un délai de dix ans, à compter du jour où l'esclave avait vécu *in libertate*. Mais il s'agit là d'un cas particulier, d'un affranchissement fait en fraude du fisc. — Faut-il généraliser cette décision? — Quelques personnes l'ont cru. — D'autres, appliquant la maxime : « *Qui dicit de uno negat de altero* », ont dit que dans les autres cas les créanciers ne devaient avoir que le délai donné habituellement pour attaquer les actes frauduleux, c'est-à-dire un an à partir de la *venditio bonorum*. — Quant à nous, nous nous rallions à l'opinion exprimée par M. Accarias, dans son traité de Droit romain. Selon l'éminent professeur, l'affranchissement fait en fraude des créanciers ne pouvait être validé par aucun laps de temps; il s'agit en effet d'un acte qui était regardé comme inexistant, d'une nullité absolue qui ne pouvait jamais être couverte. Cette opinion nous paraît plus conforme que les autres à la notion qui nous est donnée par Gaius et par Justinien : « *Qui in fraudem creditorum manumittit nihil agit.* » S'il n'y a rien de fait le jour de l'affranchissement, il doit encore en être de même dix ans après et toujours; la disposition de la loi 16, § 3, ne peut donc être considérée que comme une exception.

La loi Ælia Sentia, avons-nous dit, date de l'an 757 de Rome. Nous avons à nous demander à ce sujet si l'action Paulienne existait déjà à cette époque, ou si au contraire elle n'a été introduite par le préteur que postérieurement et par extension des dispositions de la loi Ælia Sentia. Cette question est vivement controversée.

Selon certains auteurs, ce fut la loi Ælia Sentia qui donna à un préteur du nom de Paul la pensée d'insérer dans son édit la disposition relative à l'action qui prit son nom et dont le texte est ainsi conçu : « *Quæ fraudationis causa gesta erunt cum eo qui fraudem non ignoraverit de his curatori bonorum vel ei cui de ea re actionem dari oportebit intra annum quo experiundi potestas erit actionem dabo, idque etiam adversus eum qui fraudem fecit, servabo.* » (L. 1, pr. quæ in fraud. cred.) L'action paulienne ne serait ainsi qu'une extension du principe posé pour un cas particulier par la loi Ælia Sentia. Il est plus naturel, disent les partisans de cette opinion, que l'édit du préteur ne soit venu qu'après la loi Ælia Sentia. On comprend facilement que le droit prétorien se soit ainsi inspiré du droit civil pour généraliser une de ses dispositions et l'appliquer à des cas nouveaux. C'est là le procédé généralement employé.

D'ailleurs, ajoutent-ils, l'action paulienne devait s'appliquer aux affranchissements comme aux autres actes. Dès lors, à quoi bon cette disposition de la loi Ælia Sentia sur les affranchissements. Or, il paraît certain que l'édit du préteur s'y appliquait, car on ne peut rien trouver de plus général que ces termes : « *Quæ fraudationis causa gesta erunt.* »

Quoique ce système ait été adopté par de très-bons esprits, et que plusieurs des arguments invoqués pour le défendre méritent d'être sérieusement pris en considération, nous n'osons nous y rallier, en présence d'un texte qui date d'une époque antérieure à la loi Ælia Sentia, dans lequel il est clairement fait allusion à l'action Paulienne. C'est un passage d'une lettre de Cicéron à Atticus écrite en 688, et ainsi conçu :

« *Cæcilius avunculus tuus quum a P. Vario magna pecunia fraudaretur agere cœpit cum ejus fratre Caminio Satrio de iis rebus quas eum dolo malo mancipio accepisse de Vario diceret. Una agebant cum eo cæteri creditores in quibus erat Lucullus et is quem putabant magistrum fore si bona venirent L. Pontius.* »

Cæcilius a subi un préjudice par suite d'une fraude de son débiteur P. Varius qui, d'accord avec son frère Caninius Satrius a mancipé à celui-ci plusieurs choses. Cæcilius agit contre Caninius Satrius pour faire révoquer ces mancipations qui ont diminué son gage. — Telle paraît être l'hypothèse proposée. Telle est la traduction acceptée par un grand nombre d'interprètes, notamment par Cujas et Schrader, et ce texte leur a paru décisif dans la question qui nous occupe. Mais d'autres explications ont été proposées.

Quelques personnes ont vu là une application de l'action de dol, se fondant sur ce que cette action a précisément été introduite à l'époque de Cicéron par Aquilius Gallus. (Ceci ressort d'un autre passage de Cicéron.) Mais à qui l'action de dol peut-elle être donnée? — A celui qui souffre de manœuvres frauduleuses qui lui causent un dommage. — Contre qui s'exerce-t-elle. — Contre l'auteur de ces manœuvres et non contre les tiers qui profitent de l'acte consenti. Or, dans l'espèce proposée, trouvons-nous les éléments de cette action? — Cæcilius a éprouvé un préjudice par suite de ventes faites par son débiteur Publius Varius à Caninius Satrius. Caninius Satrius n'est autre qu'un tiers qui a traité avec le débiteur. Dès lors, l'action qui est intentée contre lui ne peut être l'action de dol.

La dernière phrase du texte a donné lieu à une petite difficulté. Comme elle indique une vente future « *si bona venirent,* » on a dit : « Il n'y a donc pas lieu à l'action Paulienne, puisque celle-ci ne peut avoir lieu qu'après la *bonorum venditio.* » Il faut répondre que ces mots : « *si bona venirent* » ne font pas allusion à la vente en masse des biens de Cæcilius, mais particulièrement à la vente des objets mancipés à Caninius Satrius, qui aura lieu au profit des créanciers lorsque la mancipation sera révoquée et que ces objets seront revenus dans le patrimoine du débiteur.

M. Garsonnet a proposé une autre interprétation. Il s'agit, selon lui, dans le texte de Cicéron d'une action en déclaration de simulation que l'on confond souvent, dit-il, avec l'action Paulienne.

Quelque ingénieuse que soit cette explication nous n'osons pas davantage l'adopter; d'abord nous ne trouvons nulle part cette action mentionnée dans les textes; et, de plus, qu'elle ait existé ou non en Droit romain, rien ne prouve que dans notre espèce les actes intervenus entre le débiteur et son frère soient fictifs; en l'absence de toute observation spéciale à cet égard, on doit plutôt croire qu'il s'agit d'une mancipation sérieuse mais portant atteinte aux droits des créanciers de l'aliénateur en ce qu'elle diminue leur gage.

Il s'agit donc, dans le texte que nous venons d'examiner, d'une action donnée aux créanciers pour faire révoquer un acte fait par leur débiteur en fraude de leurs droits, et c'est là, selon nous, un argument péremptoire qui ne nous permet pas de placer la loi Ælia Sentia avant l'action Paulienne dans l'histoire de la législation romaine, et qui nous dispense d'insister longuement sur les considérations invoquées par les partisans du système adverse. Disons seulement (même en négligeant l'argument tiré du texte de Cicéron en faveur de notre système) qu'il est au moins très-contestable de prétendre que l'action Paulienne est une extension de celle donnée par la loi Ælia Sentia alors que les effets de l'une et de l'autre sont différents; dans le premier cas, en effet, on révoque un acte valable selon la rigueur du droit civil; dans le second, on considère l'acte dont il s'agit comme inexistant. De plus il est naturel de penser qu'il a été permis d'attaquer les autres actes frauduleux plus tôt que les affranchissements, le préteur ayant pu se trouver arrêté par la considération d'humanité qui contrebalançait ici les motifs de justice existant en faveur du créancier, et par le principe d'irrévocabilité si absolu en matière de liberté. Cette observation trouve une nouvelle force dans l'examen du procédé employé par la loi Ælia Sentia qui, pour n'avoir pas à révoquer les affranchissements frauduleux, les considère comme non avenus ce que le préteur n'aurait pas fait, ses décisions consistant habituellement à confirmer, à compléter, à corriger le droit civil, mais jamais à le contredire directement. Cela explique en même temps l'utilité de la loi Ælia Sentia même en la plaçant ainsi que nous le faisons à une époque postérieure à l'édit du préteur Paul.

On nous oppose que le préteur révoquait des affranchissements valables en droit civil toutes les fois qu'il donnait la *bonorum possessio contra tabulas* contre un testament qui contenait des affranchissements. Mais il nous est permis de croire qu'à l'époque d'Auguste cette bonorum possessio était *sine re*. Ce point, disent nos adversaires, n'est pas certain. Non, mais il est au moins probable, puisque cette solution est d'accord avec notre système qui s'appuie, nous croyons l'avoir démontré, sur un texte décisif. Il nous est bien permis de croire cela, car si rien ne prouve directement que la bonorum possessio en question fût sine re à l'époque d'Auguste rien ne prouve non plus le contraire; dès lors l'observation de nos adversaires ne peut suffire pour réfuter notre système.

Cette loi, outre les affranchissements faits in *fraudem creditorum*, frappait aussi de nullité les affranchissements faits *in fraudem patroni*, c'est-à-dire en fraude de la légitime assurée au patron par l'édit du préteur et par le système particulier de succession des affranchis établi par les lois Julia et Papia Poppœa. Dans la suite, le préteur donna au patron deux actions pour attaquer non plus seulement les affranchissements, mais les actes quelconques faits par l'affranchi en fraude de ses droits, l'action Favienne pour le cas où le patron venait comme héritier institué, l'action Calvisienne pour le cas où on lui accordait la bonorum possessio contra tabulas contre le testament de l'affranchi. (L. L. 3 §§ 2 et 3. Si quid in fraud. patr.). Ces actions étaient personnelles.

Elles étaient données contre l'acte de l'affranchi sans qu'il y eût à se préoccuper de la bonne ou de la mauvaise foi des tiers avec qui il avait traité ; et le demandeur devait restituer le prix même à l'acquéreur de mauvaise foi. La loi § 12, D. *Si quid in fraudem patroni*, nous dit : « *Ne fraudemus pretio emptorem maxime quum de dolo ejus non disputetur sed de dolo liberti.* (V. aussi Cujas, ad leges, 7 et 9, D. *Quæ in fr. cred.*)

Nous trouvons enfin les actions Favienne et Calvisienne utiles, mentionnées dans la loi 13 D. *Si quid in fr. patr.* On sait que l'adrogation des impubères qui, jusqu'à Antonin le Pieux, avait été en principe interdite fut permise par ce prince *cum quibusdam conditionibus;* ces conditions sont indiquées dans les Instituts de Justinien (V. Tit. XI, § 3). Rappelons que si l'impubère venait à être émancipé avec juste cause il avait le droit de réclamer tous les biens qu'il avait apportés à l'adrogeant et ceux que celui-ci avait gagnés par son intermédiaire ; que de plus s'il était émancipé sans juste motif ou exhérédé (dans ce dernier cas sans distinguer s'il y avait juste cause ou non) il pouvait obtenir en outre le quart des biens de l'adrogeant ; c'est là ce que l'on appelait la quarte Antonine.

Dans ces différents cas, si l'adrogeant avait préjudicié par quelques actes frauduleux aux droits de l'adrogé, celui-ci pouvait faire révoquer cet acte par l'action Favienne ou Calvisienne utile, selon qu'il venait comme institué ou que l'adrogeant mourait intestat. C'est ce que nous voyons dans la loi 13 D. *si quid in fr. patr.* « .... *Si quid itaque in fraudem ejus alienatum fuerit quasi per Calvisianam vel Favianam actionem revocandum est.* »

Nous avons ainsi parcouru les différentes voies de recours accordées dans certains cas particuliers et nous pouvons aborder l'action Paulienne qui doit nous occuper tout spécialement. — Cette action, comme on le sait, avait une portée plus générale que toutes celles étudiées jusqu'ici. Elle était donnée aux créanciers pour attaquer et faire révoquer les actes de leurs débiteurs faits en fraude de leurs droits et valables selon le droit civil. Nous préciserons ses caractères dans la seconde partie de ce travail ; pour le moment, nous devons nous contenter d'indiquer à grands traits la nature et la portée de l'action Paulienne.

Cette action ne paraît pas avoir été le moyen primitivement employé pour protéger les créanciers. Nous trouvons dans les textes l'indication d'un interdit fraudatoire dont la loi 10 pr. D. *quæ in fraud. credit* nous a conservé la formule : « *Quæ Lucius Titius fraudandi causa sciente te in bonis quibus de ea re agitur fecit ea illis si eo nomine quo de agitur actio ei ex edicto meo competere esseve oportet et si non plus quam annus est cum de ea re quo de agitur experiundi potes-*

*tas est restituas. Interdum causa cognita, etsi scientia non sit, in factum actionem permittam.* »
— Le moyen de recours indiqué ici est bien un interdit, comme l'indique l'ordre de restituer intimé au défendeur. L'existence de cet interdit fraudatoire est d'ailleurs attestée par différents textes (L. 67, pr. et § 1 D., *ad S. C. Trebell.* 92 pr., D., *de solut.* L. 1, C. Théod. D., *de in integ. rest.*).

Cet interdit tranchait-il une question de propriété ou seulement une question de possession? — Cujas a dit, il est vrai : *Interdictum fraudatorium revocat possessionem ; interdicta omnia sunt de possessione non de proprietate ; ergo interdictum fraudatorium est de possessione.* » (Sur la L. 96, de Solut. D.) — Mais d'une part la L. 2, § 2, *de interd.*, Dig., Liv. XLIII, t. I, montre clairement que certains interdits réglaient des questions de propriété, et, d'autre part, la L. 96, *de solut.* elle-même montre que l'interdit fraudatoire touchait au fond du droit, car l'acte frauduleux dont il est parlé dans cette loi est un paiement. Il ne peut donc être question seulement de possession.

On ne peut d'ailleurs sur les difficultés relatives à cet interdit produire que des conjectures. On paraît s'accorder à dire qu'il fut probablement introduit à une époque où le préteur ne donnait pas encore d'action ; devenu ensuite superflu, il fut néanmoins conservé à titre nominal, selon l'usage des Romains qui n'aimaient pas à abolir leurs vieilles institutions.

Le préteur était donc arrivé, comme nous l'avons dit plus haut, à donner aux créanciers lésés dans leur droit de gage général sur le patrimoine de leur débiteur par un acte de celui-ci, une action appelée action Paulienne (quoique ce nom ne lui soit donné que rarement dans les textes). C'est ici le lieu d'examiner cette question qui est une des plus importantes du sujet : l'action Paulienne est-elle réelle ou personnelle, ou bien faut-il dire qu'il en existe deux, l'une personnelle, l'autre réelle? Cette question a fait l'objet des plus vives controverses. En effet, tandis qu'au Digeste la plupart des passages où cette action est mentionnée, la présentent comme étant *in personam*, Justinien dans ses Institutes la place dans l'énumération des actions *in rem*.

Au Digeste, nous avons plusieurs textes bien nets. Paul, notamment dans la loi 38, § 4, D. *de usuris et fructibus*, parle de l'action Favienne et de l'action Paulienne à propos de la restitution des fruits, après avoir dit dans le principium de la même loi : « *Videamus generali quando in actione quæ est in personam etiam fructus veniant.* — D'autre part, voici ce que nous lisons au § 6, de actionibus dans les Institutes de Justinien : « *Item si quis in fraudem creditorum rem suam alicui tradiderit, bonis ejus a creditoribus ex sententia præsidis possessis, permittitur ipsis creditoribus rescissa traditione eam rem petere, id est dicere eam rem traditam non esse et ob id in bonis debitoris mansisse.* » — Ces termes montrent bien qu'il s'agit d'une action réelle ; ce caractère apparaît encore plus clairement si nous remarquons que ce paragraphe se trouve à la suite de plusieurs autres où il est parlé d'actions réelles et qu'il commence par le mot *Item* indiquant que l'on va traiter d'une action de la même nature que les précédentes. Enfin Théophile, dans sa paraphrase, donne à l'action dont il est question dans le § 6, le nom d'action Paulienne et il s'exprime de façon à ne pas laisser de doute : « *Porro est alia actio in rem a prætore inventa velut in hac specie; quidam multis creditoribus obnoxius quædam ex bonis suis alienavit et ut dominus scilicet per traditionem dominium in accipientem transtulit. Creditoris qui in bona debitoris ex sententia præsidis missi sunt cum alienatio hæc in fraudem ipsorum facta sit, permissum est in rem agere cum eo qui eam possidet. Quæ actio vocatur Pauliana in eaque perinde ac si res tradita a debitore non fuisset dicunt: si paret eam rem in bonis debitoris mansisse.* »

Notons encore que ce n'est pas seulement aux Institutes que cette action est présentée comme étant in rem. En effet la loi 7, D *quæ in fraud. credit*, lui reconnaît également ce caractère. — « *Si debitor in fraudem creditorum minore pretio fundum scienti emptori vendiderit, deinde hi qui-*

*bus de revocando eo actio datur eum petant....* »
Ces termes impliquent bien qu'il s'agit là d'une action réelle.

En présence de ces différents textes plusieurs opinions ont été proposées:

Selon Vinnius, l'action Paulienne est toujours personnelle, et si le § 6 de actionibus des Institutes de Justinien en parle en la rapprochant des actions Publicienne et rescisoire, c'est à cause du caractère fictice commun à ces diverses actions. L'action Paulienne, en effet, repose aussi sur une fiction : « *rescissa traditione eam rem petere.* » Mais il ne s'agit nullement ici d'une action réelle, ce qui le prouve, c'est son intention dans laquelle les créanciers ne prétendent pas « *rem suam esse,* » mais bien *rem in bonis debitoris mansisse.* (Vinnius sur le § 6 Inst. de act.)

Cette opinion est inacceptable. En effet, la division des Institutes sur ce point est trop claire pour qu'on puisse la méconnaître ; après avoir posé dans le § 1 la grande division, la *summa divisio* entre les actions réelles et les actions personnelles, Justinien parle successivement dans ce § 1 et dans les suivants des actions réelles civiles, puis des actions réelles prétoriennes, et c'est seulement au § 8 qu'il commence à s'occuper des actions in personam en ces termes: « *in personam quoque actiones ex sua jurisdictione propositas habet prætor, etc....* », ce qui montre bien que l'action dont il est parlé au § 6 est réelle, ainsi que les actions Servienne et Quasi-Servienne dont il est traité au § 7. Remarquons encore que dans les §§ 1 à 7 ce caractère d'action fictice n'est nulle part indiqué comme étant le point commun qui relie les unes aux autres les diverses actions dont il est traité. — Quant à cette observation que l'Intentio de la formule est : « *rem in bonis debitors imansisse* », et non pas : « *rem suam esse* », elle ne mérite pas que nous nous y arrêtions, car personne ne nie que l'action hypothécaire soit réelle et cependant le créancier qui l'intente ne prétend pas rem suam esse. Il est donc hors de doute que dans l'esprit des rédacteurs des Institutes il s'agit dans le § 7 d'une action réelle, et quand même nous n'aurions pas de texte au Digeste attribuant le même caractère à l'action Paulienne, nous ne pourrions le nier, car pour cela il faudrait prétendre que Tribonien et ses collègues ont pris une action personnelle pour une action réelle par cela seul que cette action était fictice et qu'ils venaient de parler d'autres actions fictices et réelles en même temps. Or, comme le fait remarquer Henciccius, on ne peut pas croire qu'ils fussent assez ignorants des principes du droit pour commettre une pareille méprise.

Doneau et Voët expliquent autrement notre § 6. Selon eux il ne s'agit pas de l'action Paulienne, mais bien d'une action hypothécaire. L'hypothèse prévue serait celle-ci : le préteur ayant prononcé la missio in possessionem des biens du débiteur au profit des créanciers, ceux-ci ont sur ces biens un pignus prætorium; le débiteur, au mépris de la missio in possessionem prononcée, a consenti sur ses biens des aliénations; les créanciers pourront, en vertu du pignus qui leur appartient, rechercher ces biens entre les mains des tiers acquéreurs et les faire rentrer dans le patrimoine de leur débiteur. Dans ce système le commencement du § 7 doit être ainsi traduit : « De même si quelqu'un, en fraude de ses créanciers, a livré sa chose à un tiers après que la missio in possessionem de ses biens a été prononcée par le président de la province.... »

Cette seconde opinion doit être aussi repoussée, car elle crée une troisième action hypothécaire, alors que les Institutes n'en citent que deux, l'action Servienne et l'action Quasi-Servienne, qu'elles distinguent et séparent avec soin de l'action dont il est question au § 6. — D'ailleurs l'action du § 6 repose sur une fiction; or il n'en serait pas ainsi s'il s'agissait d'une action hypothécaire. Les créanciers exerceraient dans ce cas leur droit contre les tiers acquéreurs, non pas en prétendant que l'aliénation doit être tenue pour rescindée, mais en soutenant que le débiteur n'a pu transférer sur ses biens qu'une propriété soumise aux charges qui la grevaient entre ses mains, que rien par conséquent ne peut empêcher leur hypothèque de suivre ces biens, quelqu'en soit le nouveau détenteur. Ajoutons qu'on ne comprendrait pas s'il s'agissait ici d'une action hypothécaire que l'aliénation dût nécessairement être frauduleuse, et cependant c'est là une condition formellement exigée par le texte : « *item si quis in fraudem creditorum.* » — Enfin quant aux mots : bonis ejus a creditoribus ex sententia præsidis possessis, ils s'expliquent très-bien sans recourir à l'interprétation que nous combattons en ce moment. En effet, l'action Paulienne, nous l'avons déjà dit plus haut, était un incident de la bonorum venditio ; cette voie d'exécution supposait toujours au préalable la missio in possessionem nous le savons. Nous traduisons donc ainsi : « il est permis aux créanciers, après avoir obtenu l'envoi en possession du président de la province, etc.... »

Enfin ce qui prouve d'une manière irréfutable que le § 6 de act. s'occupe bien de l'action Paulienne, c'est le passage de Théophile, rapporté plus haut et dans lequel il est dit en propres termes : « *quæ actio Pauliana vocatur.* »

De tout ce que nous venons de dire nous pouvons conclure que l'action appelée Paulienne n'est pas toujours *in personam*, que c'est bien elle qui est présentée par plusieurs textes comme *in rem*. Quelques auteurs ont même prétendu qu'elle était toujours réelle et que l'action dont il est parlé au Titre du Digeste, quæ in fraud. cred., était une action réelle, la même que celle dont il est parlé aux Institutes. — Mais cela n'est pas plus acceptable, car, comme nous l'avons fait observer, dans la plupart des passages du Digeste relatifs à cette action, elle apparait clairement comme personnelle. Nous avons déjà cité la loi 38, § 4, de Usuris, et nous aurons d'ailleurs l'occasion d'étudier nombre de textes qui ne permettent pas d'en douter. Citons, dès à présent, les lois 17 pr., 10, §§ 25, 9 et 14 quæ in fraud. cred., dans lesquelles il est fait de cette action des applications qui démontrent surabondamment qu'elle est souvent in personam. C'est ainsi que par elle on peut faire revivre un droit de créance, qu'elle se donne contre les héritiers, contre l'acquéreur de mauvaise foi, même quand il ne possède pas, enfin contre celui qui a une action pour le forcer à la céder. Pourrait-on arriver à ces résultats à l'aide d'une action réelle?

Enfin, pour en finir avec les différentes opinions émises sur cette question, Shrader (sur le § 6, Inst. de act.) dit que cette action est tantôt réelle, tantôt personnelle, réelle quand elle est donnée pour attaquer une aliénation, personnelle quand c'est un autre acte qu'il s'agit de faire annuler. Selon lui, cette action est « *ex earum actionum numero quæ aliis actionibus adjiciuntur.* » Dans les Institutes et dans la loi 7 D. quæ infr. cred., elle est « *vindicationi applicata,* » c'est-à-dire réelle; — dans d'autres textes « *actioni in personam adjicitur,* » elle est personnelle. L'action Paulienne serait ainsi une action fictice analogue à celle par laquelle le bonorum emptor agit ficto se herede et intente, suivant que telle ou telle action appartenait au de cujus, une action tantôt in rem, tantôt in personam. — Ce système tombe devant cette simple observation que l'action in personam dont il est parlé au Digeste est in factum, et que, par conséquent, elle ne saurait être fictice. Nous voyons dans les lois 10, §§ 14 et 17 pr. D. quae in fraudem cred. que le juge ordonne aux débiteurs libérés par un individu en fraude de ses créanciers, de s'obliger de nouveau, ce qui eût été bien inutile si l'action Paulienne eût été fictice. Il n'y aurait eu alors qu'à réputer les obligations toujours existantes en s'appuyant sur la fiction que la libération n'avait pas eu lieu.

De tout ce que nous venons d'étudier, et surtout de l'examen des textes, il faut conclure, et l'on paraît aujourd'hui disposé à s'accorder sur ce point, que le Droit Romain reconnaissait deux actions Pauliennes, l'une personnelle, l'autre réelle; ce sont ces deux actions que nous allons étudier dans notre seconde partie; mais auparavant, pour terminer tout ce qui concerne l'historique des voies de recours données contre les actes frauduleux des débiteurs, il nous faut examiner la question de savoir laquelle de ces deux actions a été introduite la première, car la même difficulté historique que nous avons rencontrée en comparant la loi Ælia Sentia et l'action Paulienne se représente ici pour les deux actions Pauliennes dont les textes nous obligent à reconnaître l'existence.

Il n'est guère possible d'exprimer sur ce point une opinion absolument certaine, et les deux systèmes en présence méritent d'être sérieusement étudiés. Cependant, nous croyons plus probable (quoique le système adverse ait pour lui de grandes autorités) que l'action réelle a dû venir la première. Ceux qui soutiennent le contraire s'appuient sur deux arguments principaux : 1° D'abord, disent-ils, le Digeste et le Code sont muets relativement à l'action Paulienne réelle, et les compilateurs du Digeste n'eussent pas manqué d'insérer les fragments des jurisconsultes se rapportant à cette action s'ils eussent existé; il s'agissait là, en effet, d'un sujet très-important, et de plus ils ont été jusqu'à reproduire même des passages relatifs à l'Interdit fraudatoire qui depuis longtemps était tombé en désuétude. — Gaius ne parle pas non plus de l'action Paulienne réelle.

2° En second lieu, Ulpien est le premier jurisconsulte dont les écrits admettent les actions en résolution de la propriété comme actions in rem, et même il leur refuse ce caractère réel dans certains passages. (L. 30 de mortis causa donat. par exemple.) Avant Ulpien, tous les jurisconsultes considéraient l'action résolutoire comme une action personnelle. (V. L. 39 de mortis causa donat. L. 12 de condict. causa data causa non secuta. L. 76 de jure dotium. L. 19 et L. 37, § 10 de mortis causa donat.) Il faut remarquer de plus, dit-on encore, que la doctrine d'Ulpien n'a pas été immédiatement admise; une constitution de Dioclétien et Maximien, rendue en 286 et reproduite au § 283 des fragmenta vaticana la repousse formellement : *Si stipendiariorum (prædiorum) proprietatem dono dedisti ita ut post mortem ejus qui accipit ad te rediret donatio* INRITA EST *cum ad tempus proprietas transferri nequiverit.* » Ce fut seulement Justinien qui détourna complétement le sens de cette constitution avant de l'introduire au Code dans la L. 2 de donat. quæ sub modo, ainsi conçue : « *Si rerum tuarum proprietatem (dono) dedisti ita ut post mortem ejus qui accipit ad te rediret, donatio valet cum etiam ad tempus certum ea fieri potest lege scilicet quæ ei imposita est conservanda.* »

Ce qui nous empêche de nous rallier à ce système, c'est que les textes relatifs à l'action Paulienne réelle dont il nie l'existence au Digeste, y existent selon nous, ainsi que nous avons déjà eu l'occasion de le signaler; nous voulons parler de la loi 7 quæ in fraud. credit.

« *Si debitor in fraudem creditorum minore pretio fundum scienti emptori vendiderit,* dit cette loi, *deinde hi quibus de revocando eo acti daturo eum* PETANT *quæsitum est an pretium restituere debent? Proculus existimat omnimodo restituendum esse fundum etiamsi pretium non solvatur.* »

Ainsi dans cette loi, l'action est donnée pour faire révoquer une aliénation, et l'expression « petant » dont elle se sert, ne peut laisser aucun doute sur le caractère réel de l'action dont elle parle. — Or la loi 7 est de Paul. Nous voilà donc forcés de reconnaître qu'à une époque où la théorie de la résolution de la propriété n'était pas encore admise[1], l'action Paulienne réelle existait déjà. Cela est incontestable, car on ne peut le nier sans prétendre que la loi 7 aurait été altérée par Justinien; et nous devons croire jusqu'à preuve du contraire qu'elle ne l'a pas été; autrement il n'y aurait plus de discusion possible sur les textes.

De tout cela, il résulte que l'admission d'un effet absolu et opposable aux tiers pour la condition, résolution insérée dans un contrat et la révocation d'une aliénation faite en vertu de l'action Paulienne au profit des créanciers, sont deux choses tout à fait indépendantes l'une de l'autre. Il s'agit ici, en effet, d'une retranslation de propriété par suite d'une restitutio in integrum, c'est-à-dire d'une théorie très-probablement beaucoup plus ancienne. Du moins rien ne prouve le contraire, et cette interprétation a le mérite de tenir compte de tous les textes.

1. En effet, si cette théorie fut introduite par Ulpien, elle ne fut définitivement admise que par Justinien, ainsi que le montre le rapprochement fait plus haut du § 283 des fragmenta vaticana et de la loi 2 C. de donat. quæ sub modo....

Gaius, disent encore nos adversaires, ne cite pas l'action Paulienne parmi les actions Prétoriennes réelles. — Mais rien ne prouve qu'il ait voulu en faire une nomenclature complète, et il est probable qu'il se borne à citer quelques unes de ces actions à titre d'exemple; il suffit de lire le passage en question pour voir qu'il n'y a pas là d'énumération méthodique et limitative.

Ainsi, pour nous résumer, l'action Paulienne réelle existait avant que la théorie de l'efficacité de la condition résolutoire en matière de propriété eût été admise : ce sont là deux choses différentes. Cela est prouvé par la loi 7 du titre, quæ in fraud cred. Voilà donc les deux principaux arguments du système adverse écartés.

Ceci posé, il nous est permis de croire que l'action Paulienne réelle est venue avant l'action personnelle. Cela est plus probable parce que le préteur a dû d'abord suivre son procédé ordinaire c'est-à-dire aller du simple au composé, introduire d'abord l'action réelle qui ne s'appliquait qu'à une seule catégorie d'actes, aux aliénations, pour arriver ensuite à donner l'action personnelle, plus large en ce sens qu'elle s'appliquait à tous les actes faits par un débiteur en fraude des droits de ses créanciers, plus complexe en ce sens que le moyen employé était moins absolu, qu'elle n'enlevait pas aux propres créanciers du tiers acquéreur un gage sur lequel ils avaient compté. En un mot l'action personnelle nous paraît être à cause des difficultés que rencontre son application, à cause de sa généralité et de ses procédés moins primitifs, une institution plus savante que l'action réelle, et c'est ce qui nous faire croire qu'elle appartient à une époque plus avancée de la législation Prétorienne.

Nous arrivons maintenant à la seconde partie de ce travail. Nous allons étudier d'abord l'action Paulienne personnelle, quoique selon nous, elle soit postérieure à l'action réelle, parce qu'elle est plus générale et par conséquent plus importante, à cause du grand nombre d'hypothèses dans lesquelles elle s'applique. Nous examinerons ensuite l'action réelle en la comparant à la précédente et en indiquant les différences qui séparent ces deux institutions.

# SECONDE PARTIE.

## CHAPITRE I.

DE L'ACTION PAULIENNE PERSONNELLE.

Nous diviserons ce chapitre en six sections dans lesquelles nous examinerons successivement ;
1° Les caractères de l'action et sa durée;
2° Les conditions qui doivent concourir pour qu'elle soit donnée;
3° A qui elle est donnée;
4° Contre qui elle peut s'exercer;
5° Les actes qui y sont soumis;
6° Ses effets.

### SECTION I.

DES CARACTÈRES DE L'ACTION PAULIENNE
ET DE SA DURÉE.

L'action dont nous nous occupons ici, outre son caractère d'action personnelle, présente les suivants; elle est Prétorienne, in factum, pénale unilatérale et arbitraire. Expliquons-nous sur chacun de ces points.

1° *Personnelle*. Pour déterminer si une action est personnelle ou réelle, on considère la nature du droit que le demandeur prétend faire reconnaître à son profit. Est-ce un droit réel qu'il prétend avoir sur la chose objet du litige? l'action est réelle. Prétend-il au contraire que le défendeur est obligé envers lui en vertu de telle ou telle cause, de tel ou tel fait? l'action est personnelle. C'est ce que nous dit Justinien au § 1 de actionibus.

Or nous avons déjà eu l'occasion de dire incidemment que l'action Paulienne dont il est question au Digeste est le plus souvent une action personnelle. Nous avons à insister ici plus particulièrement sur les textes dans lesquels apparaît ce caractère.

La loi 14 D quæ in fr. credit. nous dit : « *hac in factum actione non solum dominia revocantur, sed etiam actiones restaurantur....* » et la loi 17 : « *omnes debitores qui in fraudem creditorum liberantur per hanc actionem revocantur in pristinam obligationem.* » Ainsi cette action a quelquefois pour effet de ressusciter des actions et de forcer à s'obliger de nouveau les débiteurs libérés frauduleusement.

De plus, cette action peut-être intentée en cas d'aliénation contre un acquéreur qui a cessé de posséder ainsi que le montrent un autre passage de la loi 14 et aussi la loi 9 ht. « .... *Competit adversus eos qui res non possident ut restituant* », dit la loi 14. Dans la loi 9 il s'agit d'un individu qui a acheté en connaissance de cause d'un débiteur dont les biens étaient saisis et qui a revendu ensuite à un tiers de bonne foi. Paul décide que le tiers ne pourra pas être poursuivi ; mais qu'on donnera action contre l'acheteur primitif qui sera obligé alors de restituer le prix en entier.

Elle peut encore être intentée contre celui qui a acquis une action pour l'obliger à la céder. (L. 14.)

Elle se donne contre les héritiers au moins *quatenus locupletiores facti sunt.* (Lois 10 § 25 et 11 ht.)

Tous les traits que nous venons de signaler et qui ressortent clairement des textes cités sont bien ceux d'une action personnelle, d'une action *per quam intendit actor adversarium dare facere oportere,* suivant l'expression des Institutes. Mais il y a mieux. Il existe un texte tout à fait formel et que nous avons déjà signalé, c'est la loi 38 de usuris et fructibus : « *Videamus generali quando in actione quæ est in personam etiam fructus veniant,* » dit le principium ; et nous voyons ensuite dans le § 4 : « *In Faviana quoque actione et Pauliana per quam quæ in fraudem creditorum alienata sunt revocantur fructus quoque restituuntur,* etc. » Ainsi le principium de cette loi annonce qu'on va s'occuper d'actions personnelles, et le § 4 cite l'action Paulienne avec l'action Favienne, laquelle est in personam aux termes de la loi 1 § 26, si quid in fraud. patr.

Donc, l'action dont nous parlons dans ce chapitre est personnelle ; comme telle elle ne donne aucun droit de préférence aux créanciers du defraudator qui l'exercent à l'égard des créanciers du tiers avec qui celui-ci a traité.

2° *Prétorienne.* Ce caractère de notre action nous amène à en déterminer la durée. On sait que les actions prétoriennes dont l'effet est de corriger le droit civil, sont temporaires, (L. 35, pr. D. de oblig. et act.) L'action Paulienne n'est donc donnée que pendant une année utile, c'est-à-dire une année pour laquelle on ne compte que les jours pendant lesquels le demandeur peut agir. « *Intra annum quo experiundi potestas erit, actionem dabo* », dit le préteur dans son édit. Ulpien dit encore dans la loi 6 § 14 ht: « *Hujus actionis annum computamus utilem quo experiundi potestas fuit ex die factæ venditionis.* » (L. 6, § 14 ht.)

Quel est le point de départ de cette année utile ? Est-ce le jour de l'acte frauduleux ou celui de la venditio bonorum ?

On s'accorde généralement à reconnaître que le délai doit courir du jour de la bonorum venditio, ce qui est très-naturel, puisque c'est de ce jour que l'insolvabilité du débiteur est devenue constante et que par suite le préjudice causé aux créanciers est prouvé d'une manière indiscutable. Le texte d'Ulpien que nous citons ci-dessus, et quelques autres parmi lesquels la loi 10, § 18 ht. paraissent très-clairs à cet égard.

Cependant cette doctrine a été contredite par Proudhon, qui enseigne que le point de départ de notre action n'est autre que le jour de l'acte frauduleux et il défend ainsi son opinion : le préteur, dit-il, en accordant seulement aux créanciers lésés une année utile, a voulu limiter la durée de cette action ; or en ne faisant courir le délai que du jour de la bonorum venditio, point de départ que les créanciers peuvent retarder à leur gré, on contrevient à l'intention du préteur.

Cette opinion ne peut selon nous se soutenir en présence des textes si catégoriques que nous avons cités ; les expressions « *ex die factæ venditionis* » de la loi 6, § 14 ht, et celles-ci « *ex die venditionis bonorum* » qu'emploie la loi 10, § 18, ne peuvent laisser subsister aucun doute.

Ainsi, après l'année utile, à partir de la bonorum venditio, l'action est éteinte, c'est-à-dire qu'elle n'est plus donnée in solidum, pour le tout, car les créanciers peuvent encore l'exercer jusqu'à concurrence de ce dont le défendeur s'est enrichi, sans distinguer s'il est de bonne ou de mauvaise foi. C'est ce que nous apprend la loi 10, § 24 ht, et cette loi ajoute encore que l'action est donnée *in id quod ad eum pervenit dolove malo ejus factum est quominus perveniret*. Ainsi si le défendeur a, pour nuire aux créanciers, négligé de percevoir un profit quelconque, il leur en devra compte.

Nous trouvons dans la loi 10, § 23 ht, une hypothèse dans laquelle l'action est réduite à un délai plus court que l'année utile. Il s'agit du cas où l'acte attaqué comme frauduleux est la libération d'une obligation soumise à un terme extinctif. Dans ce cas le rétablissement de l'obligation ne peut plus être demandé après l'arrivée du terme, et cela se comprend, car les créanciers, dans le cas d'une libération frauduleuse ne peuvent demander qu'une seule chose, c'est que cette libération soit anéantie; or, ici en supposant qu'elle n'ait pas existé, l'obligation se trouverait néanmoins déjà éteinte; or on ne peut forcer le débiteur à s'obliger pour un terme plus long que celui qui a été primitivement convenu.

Rappelons que sous Justinien le délai d'une année utile a été remplacé, dans les cas de restitutio in integrum, par un délai de quatre années continues. (L. 7, C. liv. 2, tit. 53.)

3° *In factum.* L'une des divisions des actions en Droit romain est celle en actions in jus et actions in factum. Les premières sont celles dans lesquelles le juge doit apprécier une question de droit qui lui est posée dans l'intentio de la formule; les secondes celles dont l'intentio ne porte que sur un fait; le juge examine si ce fait a été ou non accompli, et en conséquence il condamne ou il absout le défendeur.

L'action Paulienne personnelle est in factum; cela ne souffre aucun doute, et les textes qui lui donnent ce caractère abondent dans notre titre. (V. la l. 10 h t, §§ 2, 12, 16 et la l. 14 h t.) Le préteur pose au juge la question de savoir si le débiteur a commis tel ou tel acte frauduleux, s'il y a préjudice pour les créanciers, et suivant les cas (ainsi que nous le verrons par la suite) si le tiers qui a traité avec le defraudator est ou non complice de la fraude.

Nous avons déjà eu l'occasion de parler de ce caractère d'action in factum en réfutant l'opinion de Shrader, aux termes de laquelle l'action Paulienne serait tantôt in rem, tantôt in personam et toujours fictice. Rappelons ici, en insistant sur ce point, que l'action Paulienne personnelle, à la différence de l'action réelle, ne peut être fictice, par cela seul qu'elle est in factum. On comprend facilement, en effet, que le préteur ne peut employer à la fois la formule in factum dans laquelle il demande au juge si tel fait a eu lieu ou non et la formule fictice dans laquelle on suppose inexistant un fait accompli, ou au contraire existant un fait qui n'a pas eu lieu. Ainsi, en ce qui concerne notre action, supposons qu'il s'agisse d'une acceptilation faite en fraude des créanciers; si la formule était fictice, le juge n'aurait qu'à supposer la libération non-avenue; or, nous voyons qu'il n'en est pas ainsi; le juge, dans ce cas, ordonne au défendeur de s'obliger de nouveau, ce qui serait bien inutile s'il le considérait comme non libéré. Il nous est facile d'appliquer ici ce que nous venons de dire pour montrer qu'une action ne peut être à la fois in factum et fictice. On comprend que le juge ne peut pas en même temps constater d'une part que le défendeur a été frauduleusement libéré, lui ordonner de s'obliger de nouveau, et d'autre part le considérer comme n'ayant pas cessé d'être obligé. (V. à ce sujet les lois 17 D, *quæ in fraud. credit.* et 10, § 14, h t.)

Plusieurs conséquences découlent de ce que l'action Paulienne est in factum : 1° elle est donnée aux fils de famille ; 2° elle ne produit qu'exceptionis ope l'extinction du droit à raison duquel elle est exercée ; 3° l'intentio est toujours certa et par conséquent la plus petitio toujours possible. (L. 9 et 13 de oblig. et act. — Gaius, C. IV, § 106 et 60.)

C'est en partant de cette idée que l'action Paulienne est in factum que Cujas a proposé une correction à la loi 1, C. de revoc. his quæ in fraud... Le texte porte : « *Usitatis actionibus si tibi negotium gestum fuerit,* » et il lit : « *Usitatis actionibus sicut negotium gestum fuerit,* » ce qui indiquerait que la formule doit exposer les faits à raison desquels l'action est intentée.

4° *Pénale unilatérale.* Parmi les actions, les unes tendent seulement à maintenir ou à rétablir l'intégrité du patrimoine du demandeur et elles sont dites *rei persecutoriæ;* telles sont, par exemple, l'action en revendication, la condictio, etc. D'autres ont pour effet d'appauvrir le défendeur; on les appelle *pœnæ persecutoriæ*. Telle est, par exemple, l'action *furti* qui tend à punir le voleur en lui faisant payer, suivant les cas, le double ou le quadruple de la valeur de la chose volée. (C'est par une autre action, soit par la revendication, soit par la condictio furtiva que la victime du vol poursuit la restitution de son bien.) D'autres ont pour but à la fois et d'appauvrir le défendeur et de rétablir dans son intégrité le patrimoine du demandeur ; on les appelle mixtæ tam rei quam pœnæ persecutoriæ. Telle est, par exemple, l'action vi bonorum raptorum qui est donnée au quadruple, le montant de la condemnatio comprenant une fois la valeur de la chose enlevée à titre de restitution, et trois fois cette même valeur à titre de peine.

Mais, de plus, il y a certaines actions dans lesquelles la condamnation a pour but d'appauvrir le défendeur, sans que le demandeur reçoive néanmoins rien de plus que la valeur dont son patrimoine a été diminué. Telles sont, par exemple, l'action de dolo, l'action de la loi Aquilia dans certains cas, etc. Ces actions sont appelées par les commentateurs pénales unilatérales, en raison de ce qu'elles ne sont pénales que vis-à-vis du défendeur, tandis que pour le demandeur elles sont simplement rei persecutoriæ. Or, les Romains s'étaient laissé influencer par ce fait, que le défendeur était condamné et lésé dans son patrimoine par suite d'un fait qui ne lui avait été d'aucun profit, ou qui lui avait rapporté moins que le montant de la condamnation, et ils avaient assimilé ces actions aux actions pénales; ils décidaient en conséquence qu'elles ne seraient transmissibles contre les héritiers du défendeur que *quatenus locupletiores facti erant*. Cette règle a été vivement critiquée, car les actions, a-t-on dit, existent pour les demandeurs, et on ne doit pas les classer en se basant sur des considérations personnelles aux défendeurs. M. de Savigny fait remarquer, avec raison, qu'il y a là de la part des jurisconsultes romains une confusion entre la peine proprement dite, c'est-à-dire la punition du coupable et l'indemnité due au demandeur. L'obligation de payer, dit-il, est de la même nature que celles qui naissent d'un contrat, et elle doit, par conséquent, se transmettre de même aux héritiers. Il ajoute encore que « si l'on voulait établir des degrés entre ces deux espèces d'obligations, le payement de l'indemnité devrait être exigé avec plus de rigueur encore que l'exécution des contrats. » Quoi qu'il en soit, telle était la décision adoptée. Notons toutefois qu'il n'en était plus de même dans le cas où le procès avait commencé contre le reus vivant et où il y avait eu litis contestatio. On appliquait alors le principe : « *Actiones quæ tempore vel morte pereunt semel inclusæ judicio salvæ permanent.* » (Inst. L. 4, t. XII, § 1.)

L'action Paulienne est précisément au nombre de ces actions pénales unilatérales. Elle est rei persecutoria à l'égard du demandeur, puisqu'elle aboutit uniquement à l'indemniser du préjudice causé par l'acte frauduleux. Elle est pénale ex parte rei, car elle peut entraîner pour le défendeur une condamnation dépassant l'enrichissement qu'il a pu retirer de l'acte attaqué. C'est ce que nous démontrerons plus loin, en traitant des effets de l'action Paulienne.

La pœna est fondée ici sur le dol résultant de la mauvaise foi du demandeur, quand il a fait avec le débiteur fraudator un contrat à titre onéreux, de la résistance à l'action dans le cas où elle est donnée contre lui malgré sa bonne foi, parce que l'acte attaqué est à titre gratuit.

5° *Arbitraire.* On appelle actions arbitraires celles dans lesquelles le juge a un certain pouvoir consistant en ce qu'il peut, avant de prononcer la sentence, donner l'ordre au défendeur de fournir au demandeur une satisfaction quelconque. Quel est l'effet du défaut d'obéissance à l'ordre du juge? C'est, dans certains cas, l'exécution manu militari, applicable seulement quand il ne s'agit que d'un fait matériel à accomplir, comme la restitution d'un objet dont le demandeur est reconnu propriétaire. Mais quand le jussus porte sur un fait juridique qui exige nécessairement le concours de la volonté du défendeur comme une obligation à contracter ou la propriété d'une chose à transférer, il n'en peut être de même. C'est seulement une condamnation pécuniaire « *quanti in item actor juraverit,* » ou *quanti actoris interfuit,* » selon que la résistance du défendeur est ou non le résultat de son dol. Telle est du moins l'opinion à laquelle nous nous arrêtons.

Suivant M. Demangeat, la manus militaris ne peut pas toujours être employée, par cela seul qu'il s'agit simplement de lever un obstacle de fait; « l'emploi de la manus militaris est possible uniquement dans le cas où le défendeur a déclaré qu'il ne pouvait pas restituer, et a été convaincu de mensonge à cet égard, en d'autres termes les jurisconsultes romains n'admettent l'emploi de la manus militaris qu'autant que le défendeur a menti ou qu'il ne paye pas la somme à laquelle il a été condamné[1]. »

L'action Paulienne est arbitraire. Nous avons sur ce point des textes bien formels. C'est ainsi que nous voyons dans la loi 8, D. quæ in fraud., que le juge ordonne aux créanciers de rendre à l'acheteur le prix d'acquisition s'il se trouve dans les biens du débiteur, ce qui indique bien qu'il y a lieu à un jussus. Cette loi est ainsi conçue : « *Ex his colligi potest ne quidem portionem*

---

1. V. Demangeat, Cours élémentaire de Droit romain, p. 603 et 604. — De la condition du fonds dotal en Droit romain, p. 119 et suiv.

*emptori reddendam ex pretio. Posse tamen dici eam rem apud arbitrium animadvertendam ut si nummi soluti in bonis existent jubeat eos reddi quia ea ratione nemo fraudetur.* » Une correction a été proposée à ce texte par Ant. Favre (De erroribus, liv. 93, err. 5); il propose de lire arbitrum au lieu de arbitrium, ce qui donne un sens aux mots *jubeat eos reddi*. Cette correction qui s'accorde avec ce que nous soutenons a été reproduite depuis dans la plupart des éditions du Digeste.

La loi 10, § 20 h. t., nous dit encore : « *Arbitrio judicis non prius cogendus est rem restituere quam si impensas necessarias consequatur;* » et la loi 10, § 22 : « *Sciendum est ex hac actione restitutionem fieri oportere in pristinum statum* »; « *absolvi solet reus si restituat* », dit encore la loi 25, § 14 h. t.

Enfin rappelons que dans la loi 14 h. t. que nous avons déjà eu l'occasion de citer, il est question de donner l'action Paulienne contre certaines personnes, pour les contraindre à céder des actions, ce qui implique que le juge leur en donnera l'ordre.

Quant à la sanction du refus d'obéissance au jussus, d'après ce que nous avons dit plus haut, elle ne peut consister dans l'exécution manu militari? — Peut-il y avoir quelquefois jusjurandum in litem? — Cela a été contesté par quelques auteurs, notamment par Ant. Favre qui a prétendu que le jusjurandum in litem était admis seulement dans les cas où la prétention du demandeur était « *rem suam esse.* » Nous ne croyons pas devoir nous rallier à cette explication, en présence des termes si précis et si généraux de la loi 68 D. de Reivind, qui est ainsi conçue : « *Hæc sententia*, dit-elle, après avoir parlé du jussus, *generalis est et ad omnia sive interdicta sive actiones in rem sive in personam sunt ex quibus arbitrio judicis quid restituitur locum habet.* »

## SECTION II.
### DES CONDITIONS D'EXERCICE DE L'ACTION PAULIENNE.

Pour qu'il y ait lieu à l'action Paulienne, certaines conditions doivent se rencontrer chez le débiteur, et quelquefois chez le tiers qui a traité avec lui.

*Conditions relatives au débiteur.* — Il y en a deux : 1° l'eventus damni ; 2° le consilium fraudis.

1° *Eventus damni.* — Il faut que l'acte attaqué ait causé aux créanciers un préjudice ; il y a préjudice, lorsqu'après la vente des biens du débiteur ils ne sont pas intégralement désintéressés. C'est ce que nous dit Ulpien dans la loi 10, § 1 h. t. : « *Ita demum revocatur quod fraudandorum creditorum causa factum est si eventum fraus habuerit, scilicet si hi creditores quorum fraudandorum causa fecit bona ipsius vendiderunt.* »

Ainsi, comme nous avons eu l'occasion de le dire déjà, l'exercice de notre action exige au préalable la venditio bonorum; mais l'absence de biens ne saurait y faire obstacle; on pourrait dans ce cas passer outre en constatant cette absence, car il est évident qu'on peut à plus forte raison agir quand il n'y a rien, comme on agirait s'il y avait insuffisance

La révocation peut avoir lieu, même lorsqu'il n'y a qu'un seul créancier fraudé, ce qui peut se présenter, lorsque le débiteur n'a qu'un créancier ou quand il a désintéressé tous ses créanciers moins un.

C'est donc par la procédure de la bonorum venditio que l'on prouve l'insolvabilité du débiteur; d'ailleurs il n'est pas nécessaire que la missio in possessionem ait été obtenue par tous les créanciers, quand elle a été prononcée au profit de l'un elle sert à tous les autres. Le pignus prætorium ne donne donc pas de droit de préférence à la différence du pignus conventionnel.

Ainsi, en règle générale, il faut pour qu'on puisse intenter notre action que la bonorum venditio ait eu lieu. Mais les lois 6, § 7 et 10, § 16 h. t., contiennent des exceptions à ce principe. Dans la loi 6, § 7, il s'agit du cas où l'un des créanciers a obtenu du débiteur le payement intégral de ce qui lui était dû dans l'intervalle de l'envoi en possession à la vente des biens; Ulpien, rapportant l'opinion de Julien, nous dit que l'action pourra être exercée dans ce cas par les autres créanciers sans qu'ils soient obligés de procéder à la bonorum venditio, afin de faire restituer à la masse par le créancier qui s'est fait payer tout ce qui dépasse le dividende qui sera attribué aux autres. — Dans la loi 10, § 16, nous trouvons la même décision pour le cas où le débiteur qui s'est enfui emportant de l'argent avec lui a été arrêté par l'un des créanciers qui lui a pris une somme égale au montant de sa créance.

Pour que l'action puisse être exercée, il faut absolument qu'il y ait préjudice. Aussi ne peut-elle pas l'être lorsque le débiteur étant mort insolvable, quelqu'un se présente pour demander, en vertu du rescrit de Marc-Aurèle, l'addictio bonorum libertatum conservandarum causa; on sait, en effet, que dans ce cas celui qui se présente pour obtenir l'addictio doit garantir aux créanciers le payement intégral de ce qui leur est dû. Comme ceux-ci n'ont plus d'intérêt, ils n'ont plus le droit d'exercer l'action. C'est ce que nous apprend la loi 10 § 17 D. h. t. (V. aussi, *Inst.*, L. 3, tit. 11, § 2.)

2° *Consilium fraudis*. En quoi consiste cette condition? — Faut-il nécessairement que le débiteur ait eu l'intention, en faisant un acte juridique, de nuire à ses créanciers? — Non. Il suffit qu'au moment où il a agi il ait su qu'il créait ou qu'il augmentait son insolvabilité; cela est bien mis en lumière par la loi 17, § 1 h. t. : « *Lucius*

*Titius,* dit ce texte, *quum haberet creditores libertis suis iisdemque filiis naturalibus universas res suas tradidit. Respondit : quamvis non proponatur consilium fraudandi habuisse, tamen qui creditores habere se scit et universa bona sua alienavit intelligendus est fraudandorum creditorum consilium habuisse, ideoque etsi filii ejus ignoraverunt hanc mentem patris sui fuisse, hac actione tenentur.* » Ainsi du moment que le débiteur a su en agissant qu'il avait des créanciers, et que son acte leur nuisait, il est présumé avoir le consilium fraudis, nous dit le texte, ce qui revient à dire que ce consilium consiste précisément dans la simple connaissance de la part du débiteur du tort qu'il fait à ses créanciers.

Lorsque les créanciers ont connu l'acte et qu'ils y ont consenti, ils ne sont plus recevables à l'attaquer en le prétendant frauduleux ; « *nemo enim videtur fraudare eos qui sciunt et consentiunt,* » dit Ulpien (L. vi § 9 ht).

Remarquons que le consilium fraudis doit exister chez le débiteur même dont les biens sont vendus et que l'action Paulienne ne serait pas donnée dans le cas de vente des biens des héritiers. « *Si fraudator heredem habuerit,* dit la loi 10 § 9, *et heredis bona venierint, non est in bonis quibus de agitur factum, et ideo cessat hæc actio.* » — Le § 10 de la même loi examine une hypothèse particulière : un débiteur qui a fait des actes en fraude de ses créanciers meurt laissant un héritier solvable. Cet héritier pourrait, en le supposant *heres suus* user du bénéfice d'abstention, en le supposant externe ne pas faire adition. Il a accepté, puis il a fait aussi des actes en fraude des créanciers de la succession. Mais il a obtenu, contre son immixtion dans le premier cas, contre son adition dans le second, la restitutio in integrum. — Si l'on suivait ici les règles ordinaires, l'action ne serait donnée ni contre les actes faits par l'héritier qui, en vertu de la restitution, ne peut plus être considéré comme tel, ni contre ceux faits par le défunt qui ayant laissé un héritier solvable n'a causé aucun préjudice à ses créanciers. Le préteur accorde néanmoins ici par raison d'équité une action utile. « *Dicendum erit utilem actionem competere,* » dit le jurisconsulte Ulpien. Il en est de même de l'esclave héritier nécessaire.

La dernière partie du texte (L. x, § 10) prévoit le cas où l'intention des créanciers n'a pas été clairement démontrée et rapporte une distinction faite par Labéon à ce sujet. Il faut examiner si les créanciers ont vendu les biens sur le champ ou si l'héritier s'est immiscé en leur absence ou de leur consentement ; il y aura lieu à rescision en ce qui concerne tant la fraude du testateur que celle de l'héritier. Mais si les créanciers ont laissé l'héritier nécessaire possesseur et s'ils l'ont accepté pour leur débiteur soit en réduisant les intérêts en sa faveur, soit autrement, les aliénations du testateur ne seront pas rescindées.

Enfin, aux termes du § 11 de cette même loi 10, si le fraudator meurt laissant un héritier impubère et que le tuteur agisse aussi in fraudem creditorum, la vente des biens du de cujus ayant eu lieu, les créanciers peuvent, après avoir demandé la séparation des patrimoines, obtenir la révocation des actes frauduleux tant du père que du fils, ou du tuteur ou du curateur.

Les textes nous apprennent que, dans certains cas, un acte, quoique fait sciemment par un débiteur au préjudice de ses créanciers, n'est pas attaquable au moyen de l'action Paulienne. Étudions à ce sujet les lois 19 et 20 de notre titre.

Dans la loi 19, Papinien parle d'un père qui a été chargé par fideicommis de remettre à sa mort à son fils l'hérédité maternelle. Ce père émancipe son fils et lui fait la restitution immédiatement, sans même retenir la quarte Pégasienne ; le jurisconsulte décide qu'il n'y a pas fraude. — Dans la loi 20, Callistrate admet la même décision pour un cas tout à fait analogue. Il s'agit d'un héritier qui fait la restitution en vertu du sénatus-consulte Trébellien sans exercer la retenue à laquelle il aurait droit.

Ces exceptions se justifient par cette raison que le débiteur ne fait que remplir une obligaionde conscience ; et c'est bien ainsi que le comprend Callistrate qui nous dit précisément dans la loi 20 : « *placet debitorem non fraudare, sed magis fideliter facere.* »

Enfin, dans une hypothèse particulière, les créanciers n'ont pas l'action Paulienne quoiqu'il y ait fraude ; mais ils peuvent se faire indemniser sans avoir recours à cette action. Nous voulons parler du cas où un acte frauduleux aurait été fait par un fils de famille auquel le père aurait laissé la libre administration de son pécule. Quelque larges que soient les pouvoirs ainsi accordés à ce fils de famille, le père est présumé avoir excepté les actes frauduleux. Dès lors, si de tels actes ont été faits, comme ils sont nuls aux termes du droit civil, l'action Paulienne n'est pas nécessaire pour les faire tomber ; et même en admettant que le père ait donné à son fils le pouvoir de les faire, tant qu'il est lui-même solvable, l'action Paulienne est inutile, car les créanciers lésés peuvent intenter contre lui l'action de peculio.

Ainsi de tout ce qui précède, il résulte que ces deux conditions, l'eventus damni et le consilium fraudis doivent se trouver réunies, sauf dans quelques cas tout à fait exceptionnels. Notons encore qu'il faut qu'elles se trouvent réunies à l'encontre du même créancier. Expliquons-nous : il pourrait arriver qu'un créancier à l'égard duquel le consilium fraudis aurait existé au moment de l'acte n'éprouve en définitive aucun préjudice, que par suite de certaines circonstances postérieures il soit désintéressé tandis qu'un autre créancier à l'égard duquel il n'y aurait pas eu fraude ne serait pas intégralement payé. Dans ce cas l'action n'est pas donnée. Toutefois, si le premier créancier a été payé par le débiteur avec les deniers du second, il n'en est plus de même. Il s'opère alors une sorte de subrogation qui, en mettant le créancier lésé au lieu et place de celui à l'égard duquel il y a eu fraude, réunit sur la même tête les deux conditions exigées pour qu'il y ait lieu à l'action. Un rescrit de Sévère et d'Antonin admet cette distinction qui est rapportée au Digeste dans les lois 10 § 1 et 15 h t.

*Conditions relatives au tiers qui a traité avec le débiteur.* — Ici il faut faire une distinction suivant que l'acte attaqué est à titre onéreux ou à titre gratuit. Dans le premier cas, le tiers étant tout aussi digne d'être protégé que les créanciers puisque pour lui comme pour eux, il s'agit d'éviter un dommage (*certat de damno vitando*) on exigera qu'il soit complice de la fraude pour que l'action soit donnée contre lui. Dans le second, au contraire, il s'agit pour le tiers d'acquérir ou de conserver un gain (*certat de lucro captando*), tandis que les créanciers *certant de damno vitando*. Aussi donnera-t-on l'action contre lui, même s'il est de bonne foi. Cette distinction si sage et si équitable est indiquée notamment dans la loi 5 C. De revocandis his quæ in fr. l. 7. T. 75.

Examinons successivement en détail ces deux catégories d'actes.

*Actes à titre onéreux*. — L'action n'est donnée contre le tiers qui a traité à titre onéreux avec le defraudator que s'il est complice de la fraude. Que faut-il entendre par là ? — Il ne suffit pas qu'il ait su que la personne avec laquelle il a contracté avait des créanciers ; il faut qu'il ait su qu'en traitant avec lui, cette personne se rendait insolvable ou augmentait son insolvabilité. Le principe est posé dans la loi 10, § 2 h t qui est ainsi conçu :

« *Quod ait sciente* (Ulpien commente ici les termes de l'interdit rapporté dans le principium de la loi) *sic accipimus te conscio et fraudem participante, non enim si simpliciter scire creditores habere hoc sufficit ad contendendum teneri cum in factum actione sed si particeps fraudis est.* »

Le § 3 de la même loi ajoute qu'à plus forte raison celui-là sera tenu de l'action, qui, au moment de contracter, a été averti par les créanciers de ne pas le faire et qui a persisté quand même. « *Et magis est ut teneri debeat*, dit ce paragraphe. »

Le tiers est tenu de l'action, même s'il n'a connu le résultat de son acte qu'à l'égard d'un seul créancier. S'il désintéresse ce créancier avant que l'action soit intentée, on ne peut plus agir contre lui. Mais une fois que l'action est engagée et que le droit des autres créanciers est ouvert, il ne peut plus éluder l'action, en offrant de payer le créancier fraudé.

Nous connaissons bien maintenant le principe, mais il souffre certaines exceptions. Dans certains cas il peut arriver que l'action soit dirigée contre des personnes de bonne foi, mais seulement dans la limite de l'enrichissement que l'acte leur a apporté. C'est ce qui arrive dans le cas où le tiers de bonne foi est un incapable, un pupille, un fou, un mineur de vingt-cinq ans et où le tuteur ou le curateur est complice de la fraude du débiteur.

Si l'acte frauduleux émane d'un esclave ou d'un fils de famille, le maître ou le pater familias sont tenus bien qu'étant de bonne foi par l'action de peculio ou de in rem verso.

Dans la loi 6 § 10, il est question d'un pupille de bonne foi qui a traité avec le débiteur sans l'auctoritas de son tuteur. Ulpien décide qu'il y aura lieu à l'action « quia pupilli ignorantia *quæ ob ætatem contingit* non debet esse captiosa creditoribus et ipsis lucrosa. » Ces mots « et ipsis lucrosa montrent que l'action n'est donnée dans ce cas que quatenus locupletior pupillus factus est. Telle est l'opinion de Doneau. Mais ce passage a donné lieu à une difficulté; Pothier se fondant sur ce que le § 11 qui s'occupe de donations, commence par les mots « simili modo » décide que le § 10 ne s'applique également qu'aux actes à titre gratuit. Cette opinion est généralement repoussée. En effet, notre § 10 n'aurait plus de sens en l'interprétant ainsi; puisque tout donataire de bonne foi est tenu de l'action, il serait bien inutile de dire cela pour le cas particulier où le donataire serait un pupille. De plus on ne voit pas pourquoi Ulpien aurait pris soin de nous dire que cette bonne foi étant surtout due à l'âge ne doit pas être prise en considération. Enfin, Doneau fait observer avec beaucoup de justesse qu'en admettant l'interprétation de Pothier d'après laquelle la bonne foi du pupille le mettrait à l'abri de l'action dans le cas d'un acte à titre onéreux, on serait conduit à dire que l'acte n'est jamais attaquable, le pupille étant toujours de bonne foi, et les débiteurs obérés désireux de soustraire les débris de leur patrimoine à leurs créanciers ne manqueraient pas de les vendre à des pupilles, ce qui serait ainsi un moyen pratique d'éluder l'action.

Citons enfin la décision adoptée par Venuléius dans la loi 25 § 3, pour le cas du mandataire qui s'est rendu complice de la fraude du débiteur à l'insu du mandant. Le mandataire sera tenu; le mandant ne le sera pas. Doit-on chercher à concilier ce texte avec la loi 10 § 5, aux termes de laquelle le pupille de bonne foi est tenu dans la limite de son enrichissement lorsque son tuteur a contracté frauduleusement? — L'affirmative est soutenue par de bons esprits qui admettent que le mandant devra être poursuivi dans les mêmes limites que le pupille. La loi 25, § 3 doit alors être entendue en ce sens que le mandant ne pourra être poursuivi pour le tout tandis que le mandataire le sera.

*Actes à titre gratuit.* — Nous avons posé, au commencement de cette section, le principe qui régit l'exercice de l'action Paulienne contre les tiers acquéreurs à titre gratuit. Nous en trouvons des applications dans un grand nombre de textes, notamment dans les lois 6, §§ 11 et 13, 23, 25 pr. D. h t, 5 C. De revoc. his etc.

La loi 25 pr. D. quæ in fraudem examine notamment quelques hypothèses assez intéressantes relatives à l'acceptilation ; on y voit qu'il y a intérêt dans le cas où la dette est garantie par un fidéjusseur à distinguer au point de vue du fidéjusseur s'il est de bonne ou de mauvaise foi, car il n'est pas libéré à titre de donation, puisque ce n'est pas lui qui, en définitive, doit supporter la dette. (*Quoniam magis detrimentum non patiatur,* dit Vénuleius, *quam lucrum faciat.* »

Notons que la question de fraude n'est pas sans importance même à l'égard de l'acquéreur à titre gratuit; car s'il est de bonne foi il n'est tenu que dans la limite de son enrichissement; s'il est de mauvaise foi, il est tenu pour le tout comme un acquéreur à titre onéreux de mauvaise foi. (V. L. 6 § 11 h t.)

On voit par tout ce qui vient d'être dit combien est importante au point de vue qui nous occupe la distinction entre les actes à titre onéreux et les actes à titre gratuit. Nous avons à ce sujet à examiner quelle est la nature de la constitution de dot, tant à l'égard de la femme qu'à l'égard du mari. Cette question est très controversée au moins en ce qui concerne la femme, car les jurisconsultes romains s'accordent à reconnaître le caractère onéreux de l'acte à l'égard du mari et à ne donner l'action contre lui que s'il est de mauvaise foi. Le texte fondamental sur cette matière est de Vénuléius. C'est la loi 25 §§ 1 et 2 de notre titre.

Ce texte ne peut laisser aucun doute en ce qui concerne le mari qui ne sera tenu que s'il a été de mauvaise foi. « *Si a socero fraudatore sciens gener acceperit dotem...* » Quant à la femme, il ne contient rien de décisif. Vénuléius se borne à rapporter l'opinion qui la traite comme donataire, mais sans nous dire qu'il y adhère, et dans des termes qui prouvent bien que la question était controversée : « *... si neuter scierit, quidam existimant nihilominus in filiam dandam actionem, quia intelligitur quasi ex donatione aliquid ad eam pervenisse...* »

Ainsi les jurisconsultes romains étaient divisés en ce qui concernait la femme et la façon dont s'exprime Vénuléius nous porte à croire que l'opinion qu'il rapporte n'est pas la sienne. « Quidam existimant, » dit-il, et à la suite de cette opinion qu'il cite comme étant professée par quelques jurisconsultes il n'ajoute aucune formule d'approbation, ni les mots : « hoc puto probandum, » ni ceux-ci : « eoque jure utimur » dont les jurisconsultes romains se servent habituellement quand après avoir cité une opinion ils veulent montrer qu'ils s'y rallient.

Le § 2 de la même loi paraît confirmer cette interprétation de la pensée de Venuléius. Il est ainsi conçu : « *Item si extraneus filiæ familias nomine fraudandi causa dotem dederit, tenebitur maritus si scierit; æque mulier : nec minus et pater si non ignoraverit ita ut caveat si ad se dos pervenerit restitui eam.* » Il s'agit là d'une dot constituée par un étranger. L'action Paulienne, dit le jurisconsulte, sera accordée contre le mari s'il est de mauvaise foi; et il ajoute : *æque mulier;* et de même quant à la femme, » ce qui signifie évidemment : « de même pour la femme, si elle est dans le même cas, si elle est aussi de mauvaise foi. » Remarquons encore que la fin de notre texte ajoute que le père sera tenu de l'action, c'est-à-dire tenu de donner caution de rendre la dot dans le cas où elle lui parviendrait, s'il est de mauvaise foi. Or on ne voit pas pourquoi le père serait traité plus favorablement que sa fille. On a dit, il est vrai, que la dot ne profite pas personnellement au père puisqu'il est obligé de la conserver pour doter de nouveau sa fille en cas de second mariage et que d'ailleurs il n'a l'action rei uxoriæ qu'adjuncta filiæ persona. Mais en définitive si on lui enlevait la dot et qu'il ne pût pas doter sa fille en cas de second mariage ce serait celle-ci qui en souffrirait. On a donc eu en vue principalement son intérêt. Nous pouvons donc dire :

pourquoi la loi protégerait-elle plus le père que la fille ?

Tout cela nous oblige à reconnaître que dans l'opinion de Vénuleius la femme ne peut être atteinte par l'action Paulienne qu'en cas de mauvaise foi.

Il y a sur cette matière un texte fort important. C'est un passage de la loi 14 h t empruntée à Ulpien : « *Ergo et si fraudator pro filia sua dotem dedisset scienti fraudari creditores filia tenetur ut cedat actiones de dote adversus maritum.* » Si nous prenons ce texte tel qu'il est, voilà ce qu'il signifie : « un débiteur a donné en fraude de ses créanciers une dot pour sa fille à un mari qui avait connaissance de la fraude. La fille devra céder aux créanciers lésés l'action en répétition de dot qu'elle a contre son mari. » Nous ne pouvons trouver un autre sens; mais alors pourquoi les créanciers au lieu de s'adresser à la femme n'exercent-ils pas tout simplement l'action Paulienne contre son mari? Cette difficulté est selon nous inextricable si l'on conserve le texte intact. Aussi n'hésitons-nous pas à accepter une correction qui a été proposée par M. Demangeat dans son remarquable ouvrage sur le fonds dotal (p. 160 note 1), et qui consiste à lire sciente au lieu de *scienti*. Notre loi 14 in fine s'explique alors très-bien car l'hypothèse devient celle-ci : Le mari est de bonne foi puisqu'on ne dit rien à son égard, et la femme au contraire est conscia fraudis. On comprend dès lors fort bien que les créanciers ne pouvant intenter contre le mari l'action Paulienne agissent contre la femme pour se faire céder les actions de celle-ci contre son mari.

Ainsi les textes que nous venons d'étudier semblent bien montrer qu'il faut admettre que la femme ne devait pas être considérée à Rome comme ayant reçu sa dot à titre gratuit; par conséquent, relativement à l'action Paulienne, elle était traitée aussi favorablement qu'un acquéreur à titre onéreux; et cette décision qui ressort, selon nous, des textes est de plus parfaitement d'accord avec la protection toute particulière, avec la faveur toute spéciale dont les Romains entouraient le mariage et la dot sans laquelle souvent le mariage ne se serait pas fait, ainsi que l'indiquent bien les derniers mots de notre loi 25 : « *Cum is indotatam uxorem ducturus non fuerit.* » Aussi de combien de garanties n'entourait-on pas la dot pour que la femme la recouvrât intacte à la dissolution du mariage, afin qu'elle pût ainsi trouver un second mari et donner naissance à de nouveaux enfants? Dès lors quoi d'étonnant à ce que les jurisconsultes aient voulu protéger la femme de bonne foi contre les créanciers qui auraient voulu lui enlever sa dot? Cela doit d'autant moins nous surprendre que cette théorie pourrait s'expliquer par des raisons juridiques en dehors de la faveur exceptionnelle que l'on accordait à la dot. En effet, il y avait pour le père obligation civile de doter sa fille. (D. L. 19, de ritu nuptiarum, C. L. 14, de jure dotium et L 7, de dotis permissione). Dès lors peut-elle être considérée comme recevant une pure libéralité semblable à une donation ordinaire? Certainement non, car le père exécutant ainsi une obligation civile, on peut dire que la fille recevait une sorte de payement. Or, partant de là, notre théorie a pu être étendue facilement au cas où la dot était constituée par un étranger car si jamais l'argument « lex de eo statuit quod plerumque fit », a pu être invoqué, c'est bien ici; en effet, nous ne croyons pas qu'à Rome, plus que de nos jours, il dût arriver bien souvent qu'une fille fût dotée par un étranger.

Ajoutons enfin que la femme lorsqu'elle était dotée ne recevait, pour ainsi dire, rien par elle-même puisque c'était le mari qui devenait propriétaire des biens dotaux; on peut dire qu'elle n'acquérait par suite de la constitution de dot, au moment où elle se mariait, qu'un droit éventuel à la restitution de cette dot, droit qu'elle tenait de la loi et non du constituant. Rappelons aussi qu'on a tiré en faveur de notre système un argument de ce que la femme pouvait avoir à supporter un jour les charges du mariage et qu'elle n'aurait pas accepté cette perspective si elle n'avait pas entrevu la possibilité d'y faire face.

Nous croyons avoir ainsi montré que la constitution de dot différait, à Rome, en plusieurs points d'une véritable donation; et quoique la question soit discutable, il nous paraît préférable de dire qu'elle devait être, suivant l'opinion la plus générale, un acte à titre onéreux tant à l'égard de la femme qu'à l'égard du mari.

Notons, avant de quitter ce sujet, une particularité qui nous est indiquée par la loi 25. Le mari de mauvaise foi contre qui les créanciers intentent l'action Paulienne a contre la femme la condictio indebiti s'il a déjà restitué la dot, mais cela seulement s'il a fait cette restitution sans avoir été actionné en justice par sa femme. Si, au contraire, il n'a payé qu'après y avoir été condamné, il ne pourra rien réclamer. Cela vient de ce qu'alors il est soumis à l'action judicati, une de celles ubi lis inficiando in duplum crescit; on sait qu'en pareil cas la condictio indebiti n'était pas admise.

## SECTION III.

### A QUI EST DONNÉE L'ACTION PAULIENNE ET QUI EN PROFITE.

L'action Paulienne n'appartient qu'aux créanciers qui ont acquis leurs droits antérieurement à l'acte frauduleux; ainsi que nous l'avons dit dans la section précédente, il faut pour qu'un créancier puisse l'exercer, qu'il ait subi un préjudice, et qu'il y ait eu fraude du débiteur en ce qui le touche, sauf le cas où celui à l'égard duquel il y a eu consilium fraudis aurait été désintéressé avec l'argent de celui qui subit le préjudice, ainsi que nous l'avons dit précédemment.

Le préteur déclare dans son édit qu'il donnera l'action « *curatori bonorum vel ei cui de ea re actionem dare oportebit;* » et pour que le curator bonorum puisse agir, il suffit que parmi les créanciers il s'en trouve un à l'égard duquel la fraude existe, pourvu que ce créancier n'ait pas été désintéressé avant l'action, ainsi que nous allons le voir. (L. 10, §§ 6 et 7 h. t.)

Ainsi l'action est donnée au curator bonorum qui représente tous les créanciers, et nous en conclurons que la révocation s'opère au profit de la masse et non au profit du créancier fraudé, de même que la missio in possessionem et le pignus prœtorium, obtenus par l'un des créanciers profitent à tous. La loi 10, § 8, vient à l'appui de cette décision ; Ulpien supposant qu'un seul créancier a été fraudé se demande si, une fois ce créancier désintéressé, il y aura là un obstacle à l'action, et il répond : « *hoc puto probandum.* » Ainsi, dans cette hypothèse, les autres créanciers ne pourront pas agir. Mais pour que le jurisconsulte se pose cette question : « Peuvent-ils demander la révocation ? » il faut nécessairement qu'il parte de cette idée que la révocation leur profiterait si elle pouvait être prononcée.

Ainsi la révocation des actes faits par un débiteur, une fois obtenue, profite quelquefois à des créanciers qui ne pourraient pas la demander eux-mêmes. Ce résultat ne doit pas d'ailleurs nous étonner outre mesure, car Paul nous dit très-clairement dans la loi 3 quæ res pignori vel hypotec. « *Sæpe enim quod quis in sua persona non habet, hoc per extraneum petere potest.* »

Les créanciers hypothécaires peuvent-ils comme les créanciers chirographaires, intenter l'action Paulienne? Quoique cette question ait été discutée, nous croyons pouvoir admettre l'affirmative. En effet, deux cas sont à examiner : on peut supposer d'abord qu'il s'agit d'un acte autre qu'une aliénation, ou de l'aliénation d'une chose non grevée d'hypothèque à leur profit ; en second lieu l'acte critiqué peut être l'aliénation d'un objet sur lequel porte le droit d'hypothèque.

Au premier cas, le créancier hypothécaire est, relativement à l'acte dont il s'agit, dans la même situation qu'un créancier chirographaire, et on doit en bonne justice lui accorder les mêmes actions qu'à ceux-ci. On comprend facilement que son droit d'hypothèque pouvant devenir dans certains cas par la force des choses inefficace, comme, par exemple, s'il s'agit d'une hypothèque sur un esclave qui peut mourir, il a intérêt à agir comme un simple créancier chirographaire.

Au second cas, son intérêt se comprend moins bien au premier abord, car, dira-t-on, il a contre le tiers détenteur son action hypothécaire. Mais il se peut très-bien que l'action Paulienne soit dans ce cas préférable ; cela peut se présenter, par exemple, s'il veut agir in *id quod ad eum pervenit* contre l'héritier d'un donataire ou d'un acquéreur à titre onéreux de mauvaise foi qui aurait à son tour aliéné, ou si l'action hypothécaire présente quelques difficultés relativement à la preuve, ou enfin s'il veut agir in solidum rei pretium contre un acquéreur de mauvaise foi qui ayant vendu la chose serait à l'abri de l'action hypothécaire plutôt que d'actionner le sous-acquéreur qui désormais est tenu hypothécairement, mais qui a peut-être transporté la chose au loin[1].

Ainsi, selon nous, un créancier hypothécaire peut agir par l'action Paulienne, parce qu'il peut y avoir intérêt et qu'il n'y a pas de raison de lui refuser ce droit. Outre ces considérations, on a invoqué à l'appui de ce système la loi 21 du titre quæ in fraudem creditorum.... qui est ainsi conçue : « *Debitor in fraudem creditoris cum vicino de finibus pignori dati fundi pactus est. Quæsitum an is qui a creditore emit de finibus agere possit. Respondit secundum ea quæ proponerentur non idcirco minus agere posse quod debitor ignorante creditore pactus esset.* » Scævola suppose qu'un débiteur, pour frauder ses créanciers, fait un pacte avec son voisin relativement aux limites d'un fonds hypothéqué à l'un d'eux, et il accorde l'action Paulienne à celui qui a acheté de ce créancier; — donc, a-t-on dit, l'action appartenait au créan-

---

1. Ce qui pouvait arriver à Rome puisque les meubles étaient susceptibles d'hypothèque.

cier, puisqu'on décide qu'elle sera donnée à son ayant-cause. — Cela paraît assez concluant; mais ce texte a été contesté; certaines personnes ont prétendu qu'il n'avait été inséré dans notre titre que par suite d'une erreur provenant des mots : « *in fraudem creditorum;* » d'après elles il ne serait pas question dans ce fragment de l'action Paulienne; la question traitée serait uniquement celle de savoir si la convention faite entre les deux voisins est opposable aux créanciers hypothécaires et à leurs ayants-cause. — Nous ne ferons en réponse qu'une seule observation, c'est que nous ne comprenons pas pourquoi le jurisconsulte suppose que le pacte a été fait *in fraudem creditoris* s'il ne s'agit pas ici de l'action Paulienne.

Les héritiers du defraudator ont-ils l'action Paulienne ? Évidemment non, car outre qu'elle n'a pas été créée pour eux, on peut dire qu'ils succèdent aux obligations de leur auteur et qu'ils ne peuvent, pas plus qu'il ne l'aurait pu lui-même, critiquer les actes qu'il a faits en fraude de ses créanciers.

Supposons que, le defraudator venant à mourir, ses créanciers acceptent son héritier pour débiteur au lieu de profiter du droit qu'ils ont de demander la séparation des patrimoines. Ils ne peuvent plus alors intenter l'action révocatoire contre les actes faits par leur débiteur. Nous rappelons simplement ce point, ayant eu l'occasion de le développer plus haut en donnant l'interprétation des §§ 9 et 10 de la l. 10 h. t.

## SECTION IV.
#### CONTRE QUI L'ACTION PAULIENNE EST DONNÉE.

L'action Paulienne est donnée aux termes de l'édit : 1° contre les tiers qui. ont traité avec le débiteur ; 2° contre le débiteur lui-même.

1° *De l'action Paulienne contre les tiers.* — Cette question a été presque complétement traitée dans la section II. Il nous reste seulement à étudier ici l'hypothèse suivante : l'acquéreur d'une chose aliénée in fraudem creditorum l'a, à son tour, aliénée ; l'action Paulienne est-elle possible contre le sous-acquéreur ? Ce point fait l'objet de la loi 9 h t. : « *Is qui a debitore cujus bona possessa sunt sciens rem emit iterum alii bona fide ementi vendidit. Quæsitum est an secundus emptor conveniri potest. Sed verior est Sabini sententia bona fide emptorem non teneri, quia dolus ei duntaxat nocere debeat qui eum admisit. Quemadmodum diximus non teneri eum si ab ipso debitore ignorans emerit. Is autem qui dolo malo emit bona fide autem ementi vendidit in solidum pretium rei quod accepit tenebitur.* »

Ainsi la question avait fait difficulté ; mais l'avis de Sabinus, selon lequel l'action n'est donnée que contre le sous-acquéreur de mauvaise foi, avait fini par l'emporter, et Paul s'y rallie. —

Remarquons que notre texte suppose le premier acheteur de mauvaise foi ; d'où nous pouvons conclure a contrario que, si ce premier acheteur n'était pas passible de l'action Paulienne, la question ne se poserait même pas en ce qui concerne le sous-acquéreur. Mais, en supposant le premier acquéreur passible de l'action Paulienne (soit à cause de sa mauvaise foi, soit parce qu'il a reçu à titre gratuit), le sous-acquéreur serait tenu de l'action, même malgré sa bonne foi, s'il avait reçu la chose à titre gratuit.

La fin de notre texte dit que l'acquéreur primitif pourra être poursuivi *in solidum pretium rei quod accepit*. On s'accorde à reconnaître que c'est jusqu'à concurrence de la valeur, et non pas du prix qu'il pourra être poursuivi.

Nous avons vu dans la section I, en parlant du caractère pénal de notre action, dans quelle limite elle était donnée contre les héritiers et nous avons critiqué les dispositions de la loi romaine à cet égard.

2° *De l'action Paulienne contre le débiteur lui-même.* — Outre la fin de l'édit qui mentionne cette application de l'action Paulienne, nous avons sur ce point la loi 25, § 7 ht., ¹ qui est tirée de Vénuleius et ainsi conçue :

« *Hæc actio in ipsum fraudatorem datur; licet Mela non putabat in fraudatorem eam dandam, quia nulla actio in eum ex antegesto post bonorum venditionem daretur, et iniquum esset actionem dari in eum cui bona ablata essent. Si vero quæ- dam disperdidisset, si nulla restitutione recupe- rari possent, nihilominus actio in eum dabitur ; et prætor non tantum emolumentum actionis in- tueri videtur quam pœnam.* »

Ce texte a donné lieu à une vive controverse, et plusieurs systèmes ont été proposés. Il nous semble qu'on pourrait adopter l'interprétation suivante :

Venuléius nous montre bien qu'il s'agit là prin- cipalement, pour les créanciers, de poursuivre la punition du defraudator, plutôt qu'un avantage quelconque, pouvant résulter pour eux de l'ac- tion : « *non tantum emolumentum quam pœ- nam,* » dit le texte. Or, il faut supposer que le débiteur a fait un acte tel qu'aucune restitution, aucune réintégration ne soit possible, et alors les créanciers agiront contre lui par l'action Pau- lienne ; en prouvant la fraude, ils le feront con- damner, et, comme il ne pourra s'acquitter pécu- niairement, puisqu'il n'a plus rien, il sera soumis à la contrainte par corps. Cela peut se présenter dans différentes hypothèses ; exemple : le débiteur a, en fraude de ses créanciers, fait à un tiers in- solvable donation d'une somme d'argent, que ce- lui-ci a ensuite dissipée sans qu'il en reste rien ; il a donné à un tiers un esclave qui est mort en la possession de celui-ci. Cela pouvait encore avoir lieu, avant la loi Ælia Sentia, dans le cas d'un affranchissement fait in fraudem creditorum. Comme on ne pouvait faire rentrer l'affranchi en servitude, on agissait du moins contre le defraudator, afin qu'il fût puni de sa mauvaise foi. — Telle est l'interprétation que nous proposons et qui nous paraît justifiée par le membre de phrase de notre texte : « *si vero quædam disperdidisset, si nulla restitutione recuperari possent, etc.* »

Cette opinion a le mérite de tenir compte des notions que nous donnent les textes sur l'exercice de la contrainte par corps en Droit romain. En thèse générale, elle ne pouvait être employée que dans le cas de dette d'argent reconnue ou de condamnation en justice non exécutée (*æris confessi rebusque jure judicatis*). Mais, si les conditions de l'action Paulienne se rencontraient, elle pouvait être exercée à propos d'une dette, quelle qu'elle fût[1].

En effet, en lisant attentivement notre § 7, qu'y voit-on ? « L'action, nous dit Vénuleius, a lieu contre le débiteur lui-même. Mela, il est vrai, est d'un avis contraire par la raison qu'après la vente des biens les créanciers ne peuvent avoir aucune action contre le débiteur pour tout ce qui a précédé cette vente, et qu'il serait injuste d'acquérir une action contre un homme à qui on a ôté tous ses biens. Mais cependant, ajoute Venuleius, il y a des cas où le débiteur a définitivement perdu ses biens, où les créanciers ne peuvent les recouvrer par aucun moyen; alors on donnera l'action

[1]. Voir à ce sujet le traité des *nexi* de M. Giraud p. 134 et suivantes.

contre lui, et, en cela, le préteur considère non pas le profit qui en pourra revenir aux créanciers, mais plutôt la punition qui en résultera pour le defraudator.

Telle est la traduction presque littérale du texte des Vénuleius, et tout cela nous paraît bien d'accord avec la théorie que nous avons émise.

## SECTION V.
### DES ACTES QUI SONT SOUMIS A L'ACTION PAULIENNE.

Notre action a une portée générale, et elle atteint tout acte juridique par lequel le débiteur produit ou augmente son insolvabilité. C'est ce que nous dit Ulpien dans la loi 1, § 2, D. ht : *Hæc verba generalia sunt et continent in se omnem omnimodo in fraudem factam vel alienationem; vel quemcumque contractum. Quodcumque igitur fraudis causa factum est videtur his verbis revocari qualecumque fuerit, nam late ista verba patent.*

Cette règle, si absolue en apparence, souffre cependant, en Droit romain, une restriction très-importante, relative aux actes par lesquels le débiteur néglige simplement d'augmenter son patrimoine au lieu de le diminuer. Cette distinction est faite dans la loi 6, pr. ht : « *quod autem quum possit aliquis quærere non id agit ut adquirat, ad edictum non pertinet; pertinet autem edictum ad deminuentes patrimonium suum, non ad eos qui id agunt ne locupletentur.* »

Nous aurons à apprécier plus tard la valeur juridique de cette exception que nous nous contentons, pour le moment, de signaler. Nous diviserons notre section en deux paragraphes. Dans le premier, nous nous occuperons des actes par lesquels le débiteur diminue son patrimoine et qui sont soumis à l'action ; dans le second, nous parlerons des actes par lesquels il néglige simplement d'augmenter son actif et qui, aux termes de notre loi 6, ne sont pas susceptibles d'être attaqués par les créanciers.

§ I. *Actes par lesquels le débiteur amoindrit son patrimoine.*

On peut diminuer son actif de bien des manières, soit par des aliénations à titre gratuit ou même à titre onéreux, soit en libérant des débiteurs ou en laissant des créances s'éteindre, soit en augmentant son passif par de nouvelles dettes, etc. Les textes contiennent, à ce sujet, un grand nombre d'hypothèses[1] ; il en est qui méritent quelques explications ; nous allons les examiner.

*Aliénations.* — Nous n'avons rien à dire de celles qui ont lieu à titre gratuit. Le préjudice

---

1. V. à ce sujet les textes suivants :
Loi 1 § 2 quæ in fr. — C L 3 de rev. his. — D L 2 § 2 h t. C L 6 h t, D L 3 pr. h t. — D L 3 § 1 h t. — L 4. L. 5. — L 2 et 18. — L 10 § 13. L. 22.

qu'éprouvent les créanciers se comprend ici sans aucune difficulté, puisque le patrimoine de leur débiteur se trouve sans aucune compensation diminué d'une certaine valeur. — Le préjudice se comprend bien moins, à première vue, pour les aliénations à titre onéreux ; mais ici encore il peut exister. D'abord, il peut se faire que la valeur reçue soit de beaucoup inférieure à l'objet aliéné ; ce sont, en effet, les débiteurs dont les affaires sont en mauvais état qui vendent le plus ordinairement à vil prix. — De plus, il y a une hypothèse tout à fait particulière au Droit romain, où l'aliénation peut être très-préjudiciable. Elle est prévue par la Const. 1 C, liv. 7, t. 75 : « *Heres qui post aditam hereditatem ad eum cui res cessit corpora hereditaria transtulit creditoribus permansit obligatus. Si igitur in fraudem tuam id fecerit, bonis ejus excussis, usitatis actionibus (si tibi negotium gestum fuerit) ea quæ in fraudem alienata probabuntur revocabis.* » Il s'agit là d'un héritier qui a transmis l'hérédité à un tiers, après avoir fait adition, par la cessio in jure. Il livre les biens héréditaires et reste obligé aux dettes et charges. Si une pareille cessio in jure est faite par un débiteur en fraude de ses créanciers, il y aura ouverture à l'action Paulienne. Voilà donc une hypothèse où une aliénation à titre onéreux causera un préjudice énorme aux créanciers de l'aliénateur.

*Remises de dettes.* — Les créances que peut

avoir un individu comptent dans son actif et sont comprises, comme ses biens corporels, dans le gage de ses créanciers. Par conséquent, s'il les fait sortir de son patrimoine, en fraude de ses créanciers, c'est à-dire s'il libère ses débiteurs par une acceptilation, ou s'il leur fournit une exception au moyen d'un pacte de non petendo, sachant qu'en agissant ainsi il se met dans l'impossibilité de satisfaire ses créanciers, il y aura lieu à l'action Paulienne (V. L. 1, § 2, et l. 3, pr. D., ht.). Les débiteurs pourront être actionnés, même s'ils sont de bonne foi, et ils seront forcés de s'obliger de nouveau.

Les lois 2 et 18 ht s'occupent du cas particulier où le débiteur a non pas complétement libéré son propre débiteur, mais renoncé à un gage qui garantissait le paiement d'une dette; l'action s'exercera alors également, s'il y a mauvaise foi de la part du renonçant.

*Cas d'inaction.* La loi 3, §§ 1 et 2, et la loi 4 quæ in fraudem cred.... montrent que le préteur permet d'attaquer non-seulement les actes frauduleux par lesquels le débiteur diminue son patrimoine, mais aussi, dans certains cas, son inaction, si elle a pour résultat d'amoindrir le gage de ses créanciers. « *In fraudem facere videri etiam eum qui non facit quod debet facere intelligendum est; id est si non utatur servitutibus,* dit Paul. (L. 4, ht.) — Ulpien n'est pas moins explicite : « *gesta fraudationis causa accipere debe-*

*mus non solum ea quæ ex*… *ahens gesserit aliquis, verum etiam si forte data* … *pera ad judicium non adfuit, vel litem mori p*… *ur, vel a debitore non petit ut tempore li'er*…*r, aut usumfructum vel servitutem amittit. Et qui aliquid fecit ut desinat habere quod habet ad hoc editum pertinet. »*

Ces textes sont faciles à comprendre. Nous nous contenterons de faire une seule observation sur ces mots de la loi 3 « *vel a debitore non petit ut tempore liberetur.* » Remarquons qu'il ne s'agit ici que d'une action Prétorienne, d'une action *quæ vivit intra annum*, selon l'expression des Institutes, et non pas d'une action civile que le defraudator aurait laissé éteindre par prescription, car à l'époque où Ulpien écrivait, il n'y avait pas encore de prescription extinctive pour les actions civiles qui étaient, sauf de très-rares exceptions, perpétuelles.

Citons, pour terminer ce qui concerne les cas d'inaction, la loi 28 pr. de verborum signif., dans laquelle le jurisconsulte Paul assimile à un aliénateur celui qui laisse usucaper sa chose. « *Alienationis verbum etiam usucapionem continet; vix est enim ut non videatur alienare qui patitur usucapi. Eum alienare dicitur qui non utendo amisit servitutes.* »

*Obligations contractées par le débiteur.* Un débiteur peut nuire à ses créanciers sans faire sortir de son actif aucune valeur, si d'ailleurs il augmente son passif en contractant de nouvelles dettes, car alors le dividende de chacun se trouvera diminué. (L. 3 pr. *quæ in fr.*)

Les lois 10, § 13 et 22 ht prévoient le cas où le *defraudator* aurait assuré à l'un de ses créanciers, par une sûreté spéciale accordée après coup, le paiement intégral de ce qui lui est dû. Cela suffira pour que l'action soit donnée. — « *Si cui solutum quidem non fuerit*, dit la loi 10, § 13, *sed in vetus creditum pignus acceperit hac actione tenebitur, ut est sæpissime constitutum.* » — La loi 22 est aussi claire : « *Cum in vetus creditum unus creditor pignora accepisset, quæro an in fraudem creditorum factum nullius momenti esset? Respondit creditorum non idcirco prohibendum a persecutione pignorum quod in vetus creditum ut obligaretur pactus esset; nisi id in fraudem cæterorum creditorum factum sit et ea via juris occurratur qua creditorum fraudes restitui solent.* »

Remarquons que dans ces deux textes il n'est question que d'un gage conféré postérieurement à la naissance de l'obligation qu'il doit garantir, et non d'une sûreté accordée par le débiteur au moment même où il s'est obligé. Dans ce dernier cas, les créanciers auraient sans doute la ressource d'attaquer l'obligation et la constitution de gage tout à la fois, en prouvant la fraude, mais on comprend que cette fraude sera alors plus difficile à prouver, tandis que le simple fait de demander une sûreté particulière pour une obligation préexistante fait croire bien aisément que le tiers dont il s'agit connaissait le mauvais état des affaires du débiteur. Cette considération n'a pas échappé aux rédacteurs de notre Code de commerce, qui déclare, dans l'article 446 « *nuls et sans effet relativement à la masse, lorsqu'ils auront été faits par le débiteur depuis l'époque déterminée par le tribunal comme étant celle de la cessation de ses payements, ou dans les dix jours qui auront précédé cette époque, toute hypothèque conventionnelle ou judiciaire et tous droits d'antichrèse ou de nantissement constitués sur les biens du débiteur pour dettes antérieurement contractées.* »

*Paiements effectués par le débiteur.* C'est ici que nous rencontrons les plus sérieuses difficultés; la question de savoir si un paiement fait à l'un des créanciers au détriment des autres tombe sous le coup de notre action, a donné lieu à de vives controverses. Nous avons à étudier successivement trois hypothèses bien distinctes : 1° Le débiteur peut avoir payé l'un de ses créanciers dont la créance était échue avant la missio in possessionem, mais qui n'aurait touché qu'un dividende s'il n'eût pas été payé en dehors des autres;

2° Il peut avoir payé avant l'arrivée du terme une dette dont l'échéance devait avoir lieu avant la missio in possessionem, ou d'une dette qui devait être payée après la missio in possessionem, mais intégralement à raison d'une cause légitime de préférence.

3° Il peut enfin avoir payé une dette non échue dont l'échéance ne devait avoir lieu qu'après la missio in possessionem, et qui ne donnait droit au créancier qu'à un simple dividende.

Examinons ces trois hypothèses.

1. *Paiement d'une dette chirographaire échue avant la missio in possessionem.* — Ce paiement peut-il donner lieu à l'action Paulienne ? — Trois systèmes sont en présence.

*Premier système.* Il peut être attaqué toutes les fois qu'il a été fait per gratificationem, c'est-à-dire avec l'intention chez le débiteur de favoriser l'un de ses créanciers au détriment des autres, et sans qu'il y ait à rechercher si le créancier ainsi payé était de bonne ou de mauvaise foi.

Ce système est appelé en Allemagne gratifications théorie. — Ses partisans invoquent pour le défendre la loi 6, §§ 1 et 2 de rebus auctoritate judicis possidendis, et la loi 24 ht. Dans ces textes il est question d'un pupille héritier qui paye un créancier de la succession au détriment des autres et qui invoque ensuite le bénéfice d'abstention. La question est de savoir si ce payement peut ou non être invoqué. Il peut l'être, dit-on, s'il a été fait per gratificationem, mais non s'il a été effectué sur la poursuite du créancier. « ... *Sin vero juxte exegerit.* »

On repousse cette opinion par cette observation que les textes cités sont rédigés en vue d'une hypothèse particulière qui n'est pas celle sur laquelle porte la discussion. En effet, ils s'occupent de déterminer les actes que le pupille a pu faire dans l'intervalle qui s'est écoulé entre la mort du de cujus et son abstention. Or il est de principe que les actes faits avant l'abstention par le pupille héritier sien sont valables, s'il a agi avec bonne foi. On comprend très-bien alors que l'on annule le payement qu'il a fait per gratificationem. Cette règle est posée par la loi 44, De adquirend. vel omitt. hered., et aussi par la loi 6, § 1, De reb. auct. jud. possid. — Mais il faut entendre ces textes *secundum subjectam materiam*; il n'est pas permis d'appliquer d'une manière générale à l'action Paulienne le principe posé pour ce qui concerne les actes faits par le pupille héritier sien avant son abstention.

D'ailleurs, l'un des textes invoqués dans le système que nous combattons vient à l'appui de notre réfutation, nous voulons parler de la loi 25, h. t.; dans ce passage, Scævola examine successivement deux hypothèses bien distinctes, d'abord celle que nous venons de citer; puis, dans la seconde partie, laissant de côté ce cas particulier, il se demande quel sera le sort d'un payement effectué par un débiteur dont les biens sont sur le point d'être vendus, et sur ce point il s'exprime ainsi : « *Quid ergo si cum in eo essem ut bona debitoris mei venirent, solverit mihi pecuniam; an actione revocari ea possit a me. An distinguendum est is obtulerit mihi an ego illi extor-*

serim invito ? Et si extorserim invito revocetur, si non extorserim, non revocetur? Sed vigilavi, meliorem conditionem meam feci; jus civile vigilantibus scriptum est; ideo quoque non revocatur id quod percepi. » — Comme on le voit, ce n'est que dans cette seconde partie du texte qu'il est parlé de l'hypothèse d'un payement fait par un débiteur à l'un de ses créanciers au détriment des autres, et le jurisconsulte ne reproduit pas la distinction qu'il a adoptée au commencement de cette même loi 24, pour le cas particulier d'un payement effectué par un pupille héritier sien.

2e *système.* — Il faut appliquer le principe général de l'action Paulienne. Le payement sera révoqué s'il y a tout à la fois fraude du débiteur et complicité de la part du créancier. Ce système s'appuie :

1° sur la loi 25, § 1, quæ in fraudem. Ce passage est ainsi conçu : « *In maritum autem qui ignoraverit non dandam actionem, non magis quam in creditorem qui a fraudatore quod ei deberetur acceperit.* » — Il y a là, dit-on, une assimilation entre le créancier qui reçoit un payement et le mari qui reçoit une dot. Or le mari qui reçoit une dot de mauvaise foi est soumis à l'action. Donc, etc...

2° sur la loi 96, De solutionibus, dans laquelle il est dit : « *Pupilli debitor tutore delegante pecuniam creditori tutoris solvit; liberatio contigit si non malo consilio cum tutore habito factum esse probetur; sed et interdicto fraudatorio tutoris creditor pupillo tenetur si cum consilium fraudis participasse constabit.* » — L'espèce est celle-ci : un tuteur délègue à son créancier un débiteur du pupille ; ce payement pourra-t-il être révoqué sur la demande du pupille ? — Oui, répond Papinien, si le créancier a été de mauvaise foi.

3° Sur les termes généraux de l'édit qui parle de tous les actes sans faire d'exception pour les payements ; « *Quæ fraudationis causa gesta erunt cum eo qui fraudem non ignoraverit*, etc. »

Nous n'adopterons pas non plus ce second système. La loi 25, nous dit-on, assimile le créancier qui reçoit un payement au mari qui reçoit une dot. — Nous nions cette assimilation. Le jurisconsulte compare simplement le mari qui a reçu une dot de bonne foi au créancier qui a reçu un payement ; or le mari de bonne foi n'est pas soumis à l'action. Donc le créancier n'y est pas soumis non plus. Voilà tout ce que l'on peut conclure de ce texte, puisqu'en ce qui concerne le créancier il n'est point fait de distinction.

Quant à la loi 96, de solutionibus, l'hypothèse qu'elle prévoit n'est pas la nôtre ; le tuteur paye sa propre dette avec une valeur qui ne lui appartient pas en déléguant un débiteur de son pupille. Or l'hypothèse sur laquelle nous discutons est celle d'un débiteur qui paye avec ses propres deniers.

Enfin en ce qui concerne la généralité des

termes de l'édit, nous répondrons simplement qu'elle n'a de valeur qu'autant qu'ils ne sont pas contredits par une exception formelle ; or nous avons des textes précis qui ne peuvent laisser aucun doute en ce qui concerne les payements, ainsi que nous allons le montrer en exposant le troisième système.

3ᵉ *système*. — Le payement d'une dette chirographaire échue avant la missio in possessionem est valable et ne peut jamais être attaqué.

Cette opinion à laquelle nous croyons devoir nous rallier a pour elle plusieurs textes dont nous citerons seulement les principaux :

1° La loi 129 De regulis juris, dans laquelle il est dit en termes généraux : « *nihil dolo facit qui suum recipit.* »

2° Ulpien dans la loi 6·§§ 6 et 7 quæ in fr., s'exprime ainsi : § 6 « *Apud Labeonem scriptum est eum qui suum recipiat nullam videri fraudem facere, hoc est eum qui quod sibi debetur receperat; cum enim quem præses invitum solvere cogat impune non solvere iniquum esse* .... » § 7 « *sciendum Julianum scribere eoque jure nos uti ut qui debitam pecuniam recepit antequam bona debitoris possideantur quamvis sciens prudensque solvendo non esse recipiat, non timere hoc edictum; sibi enim vigilavit.* » On a contesté l'autorité du § 6 en prétendant qu'il parlait non d'un payement effectué par le débiteur, mais d'un payement fait au débiteur qui en dissimulant ce qu'il recevrait pourrait ainsi nuire à ses créanciers[1]. Mais rien ne prouve que ce soit là la véritable interprétation de notre § 6, et dans tous les cas le § 7 ne peut laisser aucun doute et nous suffirait à lui seul.

3° Dans la loi 10 § 16 quæ in fraud..., Ulpien suppose qu'un individu s'est enfui emportant de l'argent avec lui et que l'un de ses créanciers lui a pris une somme égale au montant de sa créance. Voici la décision du jurisconsulte : «...... *Placet Juliani sententia dicentis multum interesse antequam in possessionem bonorum ejus creditores mitantur hoc factum sit an postea. Si ante, cessare in factum actionem; si postea huic locum fore.* » Ainsi voilà une hypothèse bien peu favorable; un créancier prend de force à son débiteur ce qu'il lui doit; le débiteur est en fuite, ce qui semble bien montrer que ses affaires sont en désordre; et néanmoins on décide qu'il n'y aura pas lieu à l'action Paulienne si cela a lieu avant l'envoi en possession.

4° Rappelons enfin les derniers mots de la loi 24 h t que nous avons déjà citée et dans laquelle Scœvola conclut ainsi : « *Sed vigilavi, meliorem conditionem meam feci; jus civile vigilantibus scriptum est; ideo quoque non revocatur id quod percepi.*

Quel est maintenant le fondement de cette décision à laquelle nous nous arrêtons et suivant laquelle l'action Paulienne ne doit pas être donnée contre un créancier qui s'est fait payer ce qui lui était dû avant la missio in possessionem ? Deux motifs ont été proposés. M. Francke dit que le payement doit être maintenu parce que celui qui l'a reçu avait une action pour contraindre son débiteur à payer, et il se fonde sur ces mots de la loi 6 § 6 : « *Cum enim quem præses in.itum solvere cogat impune non solvere iniquum est.* » M. de Vangerow voit dans le fait de la part du créancier de recevoir son dû une circonstance qui écarte absolument la mauvaise foi. Cette idée nous parait plus juste ; elle est d'ailleurs exprimée dans les textes que nous avons eu l'occasion de citer, de plus les conséquences pratiques auxquelles nous conduit la théorie de M. Francke nous paraissent inacceptables ; en effet, si nous l'adoptions, nous devrions admettre que le paiement peut être invalidé toutes les fois que le créancier n'avait pas d'action, par exemple si le débiteur n'était obligé que naturellement. Or la loi 19 de notre titre semble bien montrer que le paiement est inattaquable même quand le créancier n'avait pas d'action pour se faire payer. Ajoutons encore que l'on ne voit pas pourquoi le créancier qui avait une action à sa disposition serait plus protégé au point de vue qui nous occupe que celui qui n'en avait pas. Ne pourrait-on pas dire au contraire qu'avec l'interprétation que nous adoptons, à savoir qu'il ne peut y avoir fraude à recevoir son dû avant l'envoi en possession au profit des autres créanciers, l'absence de l'une des conditions essentielles de l'action Paulienne, le défaut de complicité frauduleuse chez le tiers avec lequel le débiteur a traité fait très-bien comprendre pourquoi cette action n'est pas donnée.

II. *Paiement d'une dette chirographaire non échue, mais dont l'échéance devait arriver avant la missio in possessionem ou d'une dette qui à raison d'une cause légitime de préférence, devait être payée intégralement après la misio in possessionem.*

Bien qu'ici encore il y ait controverse, nous n'hésitons pas à décider que l'action Paulienne sera donnée dans les deux cas à l'effet de faire rendre au créancier l'*interusurium*, c'est-à-dire les intérêts depuis le jour du paiement jusqu'au jour de l'échéance; et il ne sera pas nécessaire de prouver la mauvaise foi du créancier, car on peut dire de lui qu'en ce qui concerne l'interusurium, « *certat de lucro captando,* » que la jouissance des intérêts du jour du paiement au jour de l'échéance constitue pour lui un avantage purement gratuit. Or le donataire même de bonne foi est soumis à l'action Paulienne.

Cette solution trouve son fondement dans la loi 10 § 12 ht et aussi dans la loi 17 § 2. « *Si cum in diem mihi deberetur,* dit la loi 10 § 12, *fraudator præsens solverit, dicendum erit in eo quod sensi commodum in repræsentatione in factum actioni locum etiam fore. Nam prætor fraudem intelligit etiam in tempore fieri.* » Dans la loi 17 § 2 Julien donne pour un cas particulier une solution qui confirme la règle générale qui vient d'être posée : *si vir uxori cum creditores suos fraudare vellet soluto matrimonio præsentem dotem reddidisset quam statuto tempore reddere debuit hac actione mulier tantum præstabit quanti creditorum intererat dotem suo tempore reddi : nam prætor fraudem etiam in tempore fieri intelligit.*

III. *Payement d'une dette dont l'échéance ne devait arriver qu'après la missio in possessionem, et qui ne devait donner droit qu'à un simple dividende.*

Nous n'avons aucun texte qui prévoie cette hypothèse; mais nous croyons pouvoir admettre que le créancier ainsi payé sera soumis à l'action Paulienne et obligé de rendre une somme égale à la différence entre ce qu'il a reçu et le dividende qu'il aurait dû recevoir, s'il n'avait été payé qu'à l'échéance; il faut, bien entendu, pour cela qu'il y ait eu fraude de la part du débiteur. — Nous adoptons cette solution en l'absence de textes, parce qu'elle nous paraît s'accorder en tous points avec les principes généraux de l'action Paulienne.

Si au lieu d'un payement nous étions en présence d'une datio in solutum faite par un débiteur qui connaissait sa situation, au préjudice de ses autres créanciers, il y aurait lieu à l'action même dans le cas d'une dette déjà échue; en effet, cette datio in solutum est un novum negotium,

7

un acte qui peut souvent être entaché de fraude, parce que la chose donnée en payement est rarement l'équivalent exact de la chose due.

Cette distinction entre le payement et la datio in solutum est faite dans l'article 446 de notre Code de commerce, où il est dit « Sont nuls.... *tous payements soit en espèces, soit par transport, vente, compensation ou autrement pour dettes non échues, et pour dettes échues, tous payements* FAITS AUTREMENT QU'EN ESPÈCES OU EN EFFETS DE COMMERCE. »

Quant au payement fait par le débiteur après la missio in possessionem, il est nul et de nul effet. Notons qu'il ne s'agit plus ici, à proprement parler, d'une application de l'action Paulienne, mais plutôt d'un effet du dessaisissement qui résulte pour le débiteur de l'envoi en possession obtenu par ses créanciers. (L. 6, § 7, ht.)

### § II. *Actes par lesquels le débiteur néglige d'augmenter son patrimoine.*

Nous lisons dans la loi 6, pr. ht. : « *Quod autem quum possit aliquid quærere non id agit ut adquirat ad hoc edictum non pertinet; pertinet enim edictum ad deminuentes patrimonium suum, non ad eos qui id agunt ne locupletentur.* »

Nous avons annoncé au commencement de ce chapitre cette distinction entre les actes par lesquels le débiteur s'appauvrit, et ceux par lesquels il néglige de s'enrichir. Voyons quelles applications les jurisconsultes romains ont faites de ce principe. La loi 6, ht. nous en présente plusieurs; étudions-les successivement.

« *Unde, si quis ideo conditioni non paret*, dit le § 1, *ne committatur stipulatio, in ea conditione est ne faciat huic edicto locum.* » (L. 6, § 1.) — Il s'agit d'un individu créancier sous une condition potestative de sa part et qui, en n'accomplissant pas cette condition, empêche l'obligation de naitre à son profit. L'édit ne s'appliquera pas, nous dit Ulpien. Il n'y a pas là abdication d'un droit antérieurement acquis. — Mais si nous supposons qu'il s'agit d'un individu débiteur sous condition potestative de sa part, qui laisse s'accomplir cette condition afin de frauder ses créanciers, il en sera autrement. Comme le fait très-judicieusement remarquer notre savant maître, M. Bufnoir (Théorie de la condition en droit romain et en droit français), on ne peut plus dire que le débiteur a simplement négligé de s'enrichir; il a véritablement contracté une obligation nouvelle en fraude de ses créanciers et il doit être soumis à l'action.

Le § 2 de notre loi 6 s'occupe du débiteur qui, étant héritier externe ou héritier sien, a pris le parti, dans le premier cas de ne pas faire adition, dans le second de s'abstenir. « *Proinde et qui repudiavit hereditatem vel legitimam, vel testamentariam non est in ea causa ut huic edicto locum faciat; noluit enim acquirere, non suum patrimonium deminuit.* » L'action Paulienne n'est pas donnée[1]. — Il en est de même si le débiteur a répudié un legs (§ 4), s'il a émancipé son fils qui avait été institué héritier, lui donnant ainsi le pouvoir de faire adition pour son propre compte (§ 3), s'il a vendu un esclave qui avait été institué héritier afin qu'il fît adition pour le compte de l'acheteur (pourvu que la vente de l'esclave ne soit pas elle-même entachée de fraude). »

La distinction que nous venons d'étudier, et qui est l'un des traits caractéristiques de l'action Paulienne en droit romain, a été vivement critiquée, et ce qui a le plus attiré les reproches, ce n'est pas le principe en lui-même, mais plutôt les applications qui en étaient faites par les jurisconsultes romains; en effet, s'ils s'étaient contentés

---

1. L'acceptation d'une hérédité mauvaise faite en fraude des créanciers n'est pas soumise à l'action Paulienne. Cette décision semble assez bizarre, puisque l'action est donnée contre les obligations frauduleusement contractées par le débiteur. Quoi qu'il en soit, la règle est formellement posée par Ulpien dans la loi 1, § 5 de separ. « *Quæsitum est,* dit-il, *an interdum etiam heredis creditores possunt separationum impetrare si forte ille in fraudem ipsorum adierit hereditatem? Sed nullum remedium est proditum. Sibi enim imputent qui cum eo contraxerunt; nisi si extra ordinem putamus prætorem adversus calliditatem ejus subvenire, qui talem fraudem commentus est; quod non facile admissum est.* » Peut-être a-t-on voulu traiter plus favorablement l'acceptation d'une hérédité mauvaise que les autres actes par lesquels le débiteur s'oblige, en raison de ce qu'il est possible d'y voir dans une certaine mesure l'accomplissement d'un devoir de conscience. Quoi qu'il en soit, le texte est formel.

de déclarer inattaquable le refus de la part d'un débiteur de faire un contrat avantageux, de profiter de telle ou telle chance de gain, par exemple de vendre une chose pour un prix très-élevé, cette règle eût été très-équitable et très-juridique. Mais on a pu voir par les textes que nous avons cités que les jurisconsultes eurent le tort de l'appliquer à des espèces où le débiteur se dépouillait réellement. Cette théorie ainsi comprise repose sur une véritable subtilité; quand un individu repudie une hérédité, quand il néglige volontairement d'accomplir une condition qui lui eût fait acquérir le bénéfice d'une créance, assurément il ne fait sortir de son patrimoine aucun objet corporel; mais le droit qui lui appartenait d'accepter cette succession, la faculté qu'il avait d'obliger quelqu'un à lui procurer un avantage en exécutant un fait volontaire, faisaient réellement partie de son actif. Il les a laissés se perdre par sa faute; c'est véritablement jouer sur les mots que de pretendre qu'il ne s'est pas appauvri. J'ai été institué héritier cum cretione par une personne qui possédait une fortune de cinq cents solides; si je ne fais pas adition, je ne fais pas sortir de mon patrimoine cinq cents solides, disent les jurisconsultes romains. Soit, mais je perds par ma faute, en laissant passer le délai de crétion, le droit que j'avais d'acquérir une fortune de cinq cents solides. Où est la différence?

La distinction romaine a-t-elle passé dans notre

droit? — Nous trouvons dans notre ancien droit et dans le code civil plusieurs dispositions qui semblent bien la repousser formellement, notamment celle de l'article 788 qui donne l'action Paulienne aux créanciers de l'héritier qui renonce en fraude de leurs droits. Cependant, selon certains auteurs, la règle romaine suivant laquelle le débiteur était à l'abri de l'action quand il avait refusé de fixer d'une façon absolue et définitive dans son patrimoine des droits pour ainsi dire déjà nés, mais dépendant encore de sa volonté, cette règle existerait encore; et ils expliquent la différence entre le Droit Romain et le Droit Français en ce qui concerne la répudiation d'une hérédité par cette considération qu'en Droit Français l'héritier ayant la saisine ne refuse pas simplement d'acquérir quand il répudie une succession, mais qu'il se dépouille d'un droit qui est entré dans son patrimoine.

Telle était l'explication que donnaient Boutaric et Serres dans l'ancien droit et qui a été reproduite de nos jours par de très-bons esprits. Néanmoins nous ne croyons pas que ce soit là la véritable explication; car, sans entrer dans tous les détails de la question, le Droit Romain ne distinguait pas entre l'héritier externe et l'héritier sien; il n'y avait pas non plus lieu à l'action Paulienne lorsque celui-ci usait du bénéfice d'abstention, et cependant il était saisi comme l'héritier français. Bien plus : le légataire qui répudie son legs ne fait pas autre chose que négliger d'acquérir, et cependant en Droit Français on donne l'action contre lui.

D'où vient donc la différence entre le Droit Français et le Droit Romain sur ce point? — Il faut se borner à dire que les progrès du droit ont dû amener le législateur moderne à rectifier ce qu'il pouvait y avoir d'étroit dans la doctrine romaine ; quant à celle-ci, nous croyons pouvoir l'expliquer par cette observation que le préteur en donnant l'action Paulienne combattait le Droit Civil et que nous ne devons pas nous étonner de le voir montrer une certaine réserve, une certaine timidité qui le font reculer devant certaines conséquences logiques de la règle posée dans son édit.

## SECTION VI.

### DES EFFETS DE L'ACTION PAULIENNE.

Nous avons dit plus haut (2ᵉ partie, chap. I, sect. I) que l'action Paulienne était une action arbitraire. Le juge donne donc un ordre au défendeur et celui-ci peut, en obéissant, éviter d'être condamné suivant les cas, *quantum adversarius in litem juraverit*, ou seulement *quanti actoris interfuit*. Nous ..ons donc à étudier dans la présente section ce qui se réfère à l'exécution de l'ordre, du jussus. On comprend aisément qu'il y a suivant les hypothèses une grande diversité dans les résultats de notre action. C'est ce qu'indiquent les lois 10, § 22, et 14, h. t.

L. 10, § 22. « *Præterea generaliter sciendum est hæc restitutione fieri oportere in pristinum statum, sive res fuerint sive obligationes; ut perinde omnia revocentur ac si liberatio facta non esset.* »

L. 14. « *Hac in factum actione non solum dominia revocantur, verum etiam actiones restaurantur. Ea propter competit hæc actio et adversus eos qui res non possident ut restituant; et adversus eos quibus actio competit ut actione cedant.* »

Les deux actes les plus importants dont s'occupent les textes sont les aliénations et les libérations de débiteurs. Nous allons examiner successivement, relativement à ces deux actes les effets de notre action.

S'il s'agit d'une aliénation, le juge ordonne de restituer. C'est ce que nous dit la loi 10, § 19 quæ in fraudem.... «*per hanc actionem res restitui debet cum sua causa.* » Ces dernières expressions indiquent que la restitution devra comprendre avec la chose ses fruits, ses produits et en général tous ses accessoires. Les lois 10, § 21 (Ulpien), J. 25, §§ 4 et 5 (Vénuléius), s'occupent du part de l'esclave aliénée. La loi 25, §§ 4 et 5, dit que si l'esclave aliénée conçoit depuis l'aliénation et avant l'exercice de l'action, le part n'est pas compris dans la restitution parce qu'il n'était pas in bonis debitoris lors de l'aliénation frauduleuse. Mais si cette esclave était enceinte lors de l'aliénation, Proculus pense, dit Vénuleius, qu'on peut soutenir que l'enfant doit être rendu. — Or, en thèse générale, le part de l'esclave n'était pas considéré comme un fruit et par suite il n'était pas compris dans la restitution. On voit donc que relativement à l'action Paulienne la restitution était plus large.

En ce qui concerne la restitution des fruits, nous rencontrons ici une difficulté sérieuse. On sait qu'en Droit romain le possesseur de bonne foi n'était tenu de restituer que les fruits par lui perçus depuis la litis contestatio, tandis que le possesseur de mauvaise foi devait rendre, outre les fruits perçus depuis la litis contestatio, ceux qu'il avait perçus avant et de plus ceux qx'il avait négligé de percevoir.

Ces principes généraux s'appliquent-ils en tous points à l'action Paulienne?

Oui en ce qui concerne les fruits perçus depuis la litis contestatio, et en outre le possesseur de bonne foi est obligé de restituer les fruits qui, alienationis tempore terræ cohærebant, parce que ces fruits étaient alors in bonis debitoris, nous dit la loi 25, § 4 ht. Cette décision se comprend, car le possesseur de bonne foi lutte ici de lucro captando, puisque pour être soumis à l'action Paulienne il faut qu'il ait acquis à titre gratuit. — Mais que dirons-nous des fruits produits et pereus dans l'intervalle entre l'aliénation du fonds et la litis contestatio ? — C'est ici qu'est la difficulté annoncée. Notre loi 25, § 4, décide que la restitution de ces fruits ne pourra être exigée « *medio autem tempore perceptos in restitutionem non venire.* » Cette décision est on ne peut plus raisonnable en ce qui concerne les possesseurs de bonne foi qui sont déjà traités ici d'une façon particulièrement rigoureuse, comme nous venons de le voir un peu plus haut. Mais l'appliquerons-nous aux possesseurs de mauvaise foi? — L'affirmative conduit à ce résultat bizarre qu'en ce qui concerne l'action Paulienne, la condition des possesseurs de bonne foi serait aggravée et celle des possesseurs de mauvaise foi améliorée. Cette opinion a cependant été soutenue par Pothier qui se fonde sur ce que la loi 25 ne fait aucune distinction entre les possesseurs de bonne et de mauvaise foi.

Nous ne pouvons suivre ce système, et nous croyons que la règle générale doit s'appliquer ici, que la loi 25, § 4 doit être restreinte aux possesseurs de bonne foi. — D'abord notre opinion est conforme aux principes généraux et nous ne voyons pas de raison pour nous en écarter ici alors qu'ils s'accordent avec l'équité et qu'il s'agit d'une action précisément donnée pour faire triompher l'équité. — De plus, la loi 10, § 20, h. t., est très-significative : « *Et fructus non tantum qui percepti sunt,* dit-elle, *verum etiam hi qui percipi potuerunt a fraudatore veniunt.* » — Nous lisons, d'un autre côté, dans la loi 38, § 4, de usuris et fructibus : « *In Faviana quoque actione et Pauliana per quam quæ in fraudem creditorum alienata sunt revocantur fructus quoque restituuntur, nam prætor id agit ut perinde omnia sint atque si nihil esset alienatum. Quod non est iniquum, cum et verbum restituas quod in hac re prætor dixit plenam habet significationem ut fructus quoque restituantur.* »

Mais, dans tous les cas, il doit être fait déduction des frais de culture, et le défendeur ne doit être forcé de restituer la chose qu'après avoir été indemnisé de ses dépenses nécessaires.

En cas d'aliénation à titre onéreux, les créanciers seront-ils obligés de rendre au défendeur le prix qu'il a payé. La loi 7 h t. répond négativement : « *Si debitor in fraudem creditorum minore pretio fundum scienti emptori vendiderit, deinde hi quibus de revocando eo actio datur eum petant : quæsitum est an pretium restituere debent ? Proculus existimat omnimodo restituendum esse fundum etiamsi pretium non solvatur, et rescriptum est secundum Proculi sententiam.* » — Mais la rigueur de cette décision se trouve un peu tempérée par la loi 8 qui déclare : « *posse tamen dici eam rem apud arbitrium ex causa animadvertendam : ut si nummi soluti in bonis exstent, jubeat eos reddi.* » Il est à peine besoin de faire remarquer que ces expressions : « *Si nummi so-*

*luti in bonis exstent* », ne signifient pas : si les mêmes pièces de monnaie se retrouvent dans les biens du defraudator, mais si la somme y existe.

Arrivons maintenant aux remises de dettes. Nous avons déjà eu l'occasion de traiter cette question incidemment. Rappelons que le juge dans ce cas ordonnera au défendeur de s'obliger sous les mêmes modalités que primitivement, ni plus ni moins durement.

Quant aux intérêts de la créance dont un débiteur a été libéré in fraudem creditorum, ils sont dus, dans tous les cas, même par le débiteur de bonne foi. Il y a donc là une différence entre les fruits et les intérêts ; cela tient à ce que les fruits qui n'étaient pas encore pendants par branches ou par racines à l'époque de l'aliénation n'existaient pas et, par conséquent, n'ont pas pu être aliénés frauduleusement, tandis que le defraudator, en libérant son débiteur, a aliéné sa créance; c'est-à-dire à la fois et le capital et le droit en vertu duquel les intérêts lui étaient dus. (V. L. 10, § 22 h. t.)

# CHAPITRE II.

### DE L'ACTION PAULIENNE RÉELLE.

Nous avons vu dans la première partie de ce travail qu'il y avait en Droit Romain deux actions Pauliennes, l'une personnelle, l'autre réelle ; nous avons admis de plus que l'action réelle était venue la première dans l'ordre chronologique, et si nous avons traité en premier lieu de l'action personnelle, c'est à cause du grand nombre de cas dans lesquels elle s'applique et de la quantité de questions qu'elle soulève. De plus, nous avions à notre disposition, pour l'étudier, beaucoup de textes, tandis que les renseignements nous manquent en ce qui concerne l'action réelle. Nous pouvons maintenant, grâce aux développements donnés précédemment, nous borner à un examen rapide de l'action réelle, en indiquant surtout les différences qui la séparent de l'action personnelle.

Les conditions de l'action personnelle et de l'action réelle sont les mêmes. Nous n'hésitons pas à le dire quoiqu'on ait prétendu que la distinction entre les actes à titre onéreux et à titre gratuit ne se rencontrait pas pour l'action réelle. — En effet, le préteur donne l'action réelle à la suite d'une restitutio in integrum. (L. 13, § 1, de usuris.) Or, comme le dit la loi 2 de in integ. rest. : « *Omnes in integrum restitutiones causa cognita a prætore promittuntur, scilicet ut justitiam earum causarum examinet, an veræ sunt quarum nomine singulis subvenit.* » Ainsi le préteur accorde la restitution cognita causa. C'est lui qui connait de l'affaire. Dès lors, comment admettre qu'il ne tienne pas compte de la distinction si équitable que nous venons d'indiquer dans une instance où il s'agit de faire triompher l'équité et où il a plein pouvoir ? Ce n'est pas le caractère réel ou personnel de l'action qui peut influer sur la solution de la question qui nous occupe, car les actions Favienne et Calvisienne se donnent contre les tiers même de bonne foi et cependant elles sont personnelles.

Voyons maintenant les différences qui existent entre l'action personnelle et l'action réelle. C'est ainsi que nous pourrons faire ressortir les traits caractéristiques de cette dernière :

1° *Au point de vue de l'étendue des cas d'application.* L'action Paulienne personnelle, comme nous l'avons vu, embrasse tous les actes frauduleux par lesquels le débiteur diminue son patrimoine. L'action réelle ne peut s'exercer qu'en cas d'aliénation.

2° *Au point de vue de la procédure.* L'action personnelle doit toujours être intentée au lieu du domicile du défendeur. « *Actor forum sequitur rei.* » La Const. 3, C., liv. 3, t. 19, nous apprend qu'en matière réelle l'action est quelquefois intentée devant le Tribunal de la situation des immeubles litigieux.

De plus, l'action réelle est donnée contre celui qui possède ou qui a cessé par dol de posséder. L'action personnelle, au contraire, du moment que les conditions requises pour qu'elle puisse avoir lieu se rencontrent chez le tiers acquéreur, pourra être exercée contre lui, même s'il a cessé sans dol de posséder. En conséquence, si un donataire de bonne foi a aliéné à titre onéreux l'objet donné, l'action réelle ne pourra être intentée contre lui, parce qu'il a cessé sans dol de posséder; dans le même cas, il sera au contraire soumis à l'action personnelle dans la limite de l'enrichissement que l'aliénation lui a procuré.

3° *Au point de vue de l'effet du jussus.* L'action réelle et l'action personnelle sont toutes les deux arbitraires; mais toutes les actions arbitraires ne sont pas susceptibles d'exécution manu militari. Il n'est possible d'obtenir cette exécution que dans le cas où le jussus porte simplement sur un fait matériel à exécuter, tel qu'une restitution, mais non pas lorsque le juge ordonne au défendeur d'accomplir tel ou tel acte juridique qui exige le concours de la volonté de celui-ci.

De là une différence très-importante entre les deux actions : l'action réelle étant donnée à la suite d'une *restitutio in integrum*, l'aliénation est rescindée; le défendeur est censé n'avoir jamais été propriétaire de la chose aliénée. Dès lors, le juge lui ordonnera simplement de restituer la chose, et cet ordre sera susceptible d'être exécuté au besoin *manu militari;* dans l'action personnelle, au contraire, il n'y a pas de fiction. Le juge ordonne au défendeur de retransférer la propriété, de s'obliger de nouveau, de céder une action, etc., tous actes juridiques dont l'exécution *manu militari* n'est pas possible. Le *jussus* n'a donc pas ici d'autre sanction qu'une condamnation pécuniaire, fixée suivant les cas, par le serment du demandeur ou par le juge *quanti actoris interest.*

Cette troisième différence entraîne une conséquence importante en ce qui concerne l'étendue du droit de gage des créanciers : l'effet de l'action réelle étant de faire rentrer dans le patrimoine du débiteur l'objet qui en était sorti, celui-ci devient le gage exclusif des créanciers du débiteur à l'exclusion de ceux du tiers défendeur; l'action personnelle aboutirait, au contraire, à une condamnation pécuniaire, les créanciers du *defraudator* devront concourir avec les créanciers du tiers défendeur, dans le cas où celui-ci serait insolvable.

# DROIT FRANÇAIS.

## DES EFFETS DU JUGEMENT DÉCLARATIF DE FAILLITE.

La faillite est l'état d'un commerçant qui a cessé ses payements. L'existence doit en être constatée par un jugement du tribunal de commerce.

Le législateur, dans un but de protection pour les créanciers du failli, désirant leur réserver les restes de l'actif de celui-ci, a organisé un système spécial destiné à assurer entre eux l'égalité proportionnelle la plus rigoureuse. Ce système s'écarte du droit commun, non-seulement par des règles de procédure particulières, mais encore par des modifications profondes apportées à la solution de la plupart des points de droit qui se présentent dans le cours de la liquidation. C'est ainsi que le failli, dépouillé de l'administration de ses biens, voit passer cette administration à un gérant spécial qui l'exerce sous la surveillance d'un juge-commissaire ; que les créanciers sont en général privés de faire individuellement des actes de poursuite et qu'ils forment désormais une espèce d'association représentée par le syndic; que plusieurs d'entre eux peuvent se trouver liés par un traité appelé concordat, sans l'avoir consenti, s'il a été voté par la majorité; que certains actes sont réputés nuls comme entachés de fraude; que les droits de la femme du failli sont restreints, etc.

Nous ne nous proposons point évidemment d'étudier toutes les conséquences de l'état de faillite. Nous avons dû restreindre notre cadre afin de le remplir autant que possible exactement. Nous nous placerons à l'époque où le tribunal de commerce constate l'état de cessation de payements, et nous déterminerons les effets de cette constatation. Notre sujet se trouve donc renfermé dans l'explication des articles 443 à 450 du Code de commerce et des autres textes qui s'y rattachent. Nous supposerons donc parfaitement connu tout ce qui concerne les éléments constitutifs de l'état de faillite, la profession de commerçant et la cessation de payements; nous supposerons aussi l'époque de la cessation de payements fixée d'une manière définitive et le jugement déclaratif inattaquable. En un mot, sans nous préoccuper du jugement déclaratif en lui-même, ni des conditions nécessaires pour qu'il puisse être prononcé, nous nous renfermerons dans l'étude de ce que la loi a compris sous la rubrique : *Des effets de la déclaration de faillite.*

Nous diviserons notre travail en deux parties :

1° Des effets du jugement déclaratif de faillite dans l'avenir;

2° Des effets de la cessation de payements (ou effets du jugement déclaratif dans le passé[1]).

---

1. Remarquons toutefois que l'époque de la cessation de paiement peut être fixée par un jugement postérieur au jugement déclaratif. Mais ce n'est pas le cas le plus ordinaire.

# PREMIÈRE PARTIE.

## EFFETS DU JUGEMENT DÉCLARATIF DANS L'AVENIR.

Ces effets, qui se produisent immédiatement et de plein droit dès que le jugement est prononcé, sont au nombre de sept :

1° Dessaisissement du failli ;

2° Suspension des poursuites individuelles ;

3° Exigibilité des créances contre le failli ;

4° Cessation du cours des intérêts ;

5° Création au profit de la masse d'une hypothèque sur les immeubles du failli ;

6° Inefficacité à l'égard de la masse des nouvelles inscriptions de priviléges ou hypothèques ;

7° Effets relatifs à la personne et à la capacité du failli.

Chacune de ces propositions nous fournira la matière d'un chapitre.

# CHAPITRE I.

### DESSAISISSEMENT DU FAILLI.

La principale mesure que la loi rattache de plein droit au jugement déclaratif, c'est d'enlever au failli la disposition et l'administration de ses biens, afin qu'il ne puisse ni compromettre ce qui reste de son actif, ni avantager certains créanciers aux dépens des autres. « Le jugement déclaratif de la faillite, dit l'article 443, emporte de plein droit, à partir de sa date, dessaisissement pour le failli de l'administration de tous ses biens, même de ceux qui peuvent lui échoir tant qu'il est en état de faillite. »

Nous allons examiner successivement dans cinq sections différentes :

1° La nature du dessaisissement ;
2° Les biens qu'il comprend ;
3° Son point de départ ;
4° Ses effets quant aux actes du failli ;
5° Les modifications qu'il apporte quant à l'exercice des actions en justice.

## SECTION I.

### DE LA NATURE DU DESSAISISSEMENT.

Le jugement déclaratif de faillite enlève au failli l'administration de ses biens et affecte son patrimoine actuel au paiement de ses créanciers qui désormais vont former une espèce d'association que l'on appelle la masse sans qu'aucun d'eux puisse acquérir sur l'actif aucun droit de préférence.

Ainsi indisponibilité pour le failli de ses biens, droit de gage exclusif au profit de la masse à l'exclusion de tous créanciers futurs, impossibilité de consentir désormais aucune cause de préférence au profit de l'un ou de quelques-uns de ses créanciers, voilà ce qui constitue le dessaisissement.

Notons d'abord que ce droit de gage au profit de la masse est indépendant de l'inscription dont il est parlé dans l'article 390, troisième alinéa; l'article 443 en effet ne parle nullement de la nécessité de cette inscription; en outre, celle-ci ne porte aux termes de l'article 490 que sur les immeubles, tandis que le droit de gage de la masse est général.

Le failli ne peut plus dissiper ses biens au détriment de la masse; il ne peut plus contracter de nouvelles dettes qui lui soient opposables; mais il ne cesse pas pour cela d'être propriétaire de ses biens; de là plusieurs conséquences.

1° Les augmentations ou les diminutions qui pourront se produire relativement à ces biens lui profiteront ou lui nuiront s'il reste quelque chose après que tous les créanciers auront été payés, ou dans le cas où il aura été remis à la tête de ses affaires par un concordat.

2° Dans le cas de concordat, il reprendra l'exercice de son droit de propriété qui n'est que suspendu par le dessaisissement, sans qu'un nouveau jugement soit nécessaire pour le réintégrer dans cette propriété.

3° Le jugement déclaratif ni le concordat qui fait cesser le dessaisissement n'entraînent après eux aucun droit de mutation ou de transcription.

Le failli est donc simplement privé de l'administration de ses biens. Est-ce à dire pour cela qu'il encoure ainsi une incapacité générale? — Aucunement. Quoiqu'il présente quelques points de ressemblance avec l'interdit en ce sens que comme lui il n'administre plus ses biens, la situation de l'un est bien différente de celle de l'autre. Le failli reste capable de contracter, ses contrats l'obligent et ils pourront s'exécuter si plus tard il se trouve avoir des biens disponibles. Il conserve ses pouvoirs sur la personne et sur les biens de sa femme et de ses enfants ou du moins il ne les perd pas de plein droit par le fait du jugement déclaratif. Il peut être tuteur, membre d'un conseil de famille. Il exerce encore certaines actions en justice, ainsi que nous le verrons. L'interdit au contraire ne conserve aucun des droits que nous venons d'indiquer. Cela d'ailleurs se comprend parfaitement, car en ce qui concerne le failli, la loi voulant simplement sauvegarder les intérêts de la masse, on comprend que son incapacité cesse dès qu'il s'agit d'actes qui ne mettent pas ces intérêts en péril.

L'administration des biens du failli qui lui est enlevée est gérée dans l'intérêt de la masse par un ou plusieurs administrateurs appelés syndics nommés par le jugement déclaratif.

Le syndic qui représente la masse et qui exerce ses droits peut faire sous la surveillance du juge-commissaire des actes d'administration proprement dite; quant aux actes de disposition et d'aliénation, la loi veut qu'on apporte une certaine réserve jusqu'au vote sur le concordat, le failli pouvant à cette époque être remis à la tête de ses affaires. Mais après le rejet du concordat, comme il faut arriver à liquider, le syndic pourra faire les actes d'aliénation dans la plus large mesure (art. 534), toujours sous la surveillance du juge-commissaire.

Le syndic peut contracter des obligations opposables à la masse, en contractant avec des tiers dans la limite des nécessités de son administration ou de la liquidation[1], par exemple en continuant à exploiter le commerce du failli; et même les personnes qui contractent ainsi avec le syndic sont dans une situation meilleure que les créanciers du failli antérieurs au jugement, car étant créanciers de la masse, et non du failli, ils devront être payés intégralement, tandis que les créanciers

1. Arrêt de rejet, 20 avril 1869.

qui font partie de la masse ne touchent dans la plupart des cas qu'un dividende.

## SECTION II.
#### DES BIENS COMPRIS DANS LE DESSAISISSEMENT.

Le dessaisissement est général. Il frappe tous les biens, même, dit l'article 443, ceux qui peuvent advenir au failli pendant sa faillite. Cet article a tranché une controverse qui s'était élevée sur ce point sous l'empire du code de 1807 qui se contentait de déclarer « que le failli serait dessaisi de tous ses biens, » sans parler des biens qui pourraient lui échoir durant sa faillite[1].

Ainsi, en principe, le dessaisissement frappe tous les biens présents du failli et tous ceux qu'il pourra acquérir durant sa faillite. Il atteint tous les actes passés depuis le jugement déclaratif sans qu'il y ait à examiner si les tiers qui ont traité avec le failli ont été de bonne ou de mauvaise foi, s'ils ont connu ou non le jugement déclaratif au moment où ils ont contracté. Toutefois les con-

---

1. Un arrêt de la Cour de Paris du 2 février 1835 avait même décidé que le dessaisissement ne s'appliquait qu'aux biens présents et que les biens acquis par le débiteur postérieurement au jugement déclaratif formaient non pas le gage exclusif de la masse, mais celui de tous les créanciers antérieurs ou postérieurs sans distinction. Ce fut précisément pour combattre cet arrêt que la Chambre des députés, à la suite de la lecture qui en fut faite par un de ses membres, adopta la décision du nouvel article 443.

trats passés depuis le jugement par le mandataire du failli avec des tiers seront valables si ce mandataire et ces tiers ont ignoré la faillite du mandant (art. 2008 et 2009 C. N.); car si le failli perd sa capacité par suite du dessaisissement, le mandataire conserve la sienne tant qu'il ne connaît pas l'événement qui met fin à son mandat.

Remarquons d'ailleurs que si toute acquisition nouvelle de la part du failli profite à la masse, les biens n'entrent dans le gage de celle-ci que grevés des charges existant au moment de l'acquisition ou résultant de cette acquisition. Ainsi si nous supposons que le failli vient à acquérir une succession grevée de legs, l'hypothèque légale des légataires sur les immeubles de cette succession sera opposable à la masse; si cette succession donne lieu à un partage, les cohéritiers du failli ont sur les immeubles qui tombent dans son lot un privilége également opposable à la masse.

La règle que nous venons de poser, et aux termes de laquelle le dessaisissement s'étend à toutes les valeurs qui appartiennent ou pourront appartenir au failli, souffre quelques restrictions; quelques difficultés se sont élevées sur différents points. Nous allons les examiner.

D'abord les rentes sur l'État, déclarées insaisissables par les lois du 8 nivôse an VI et du 22 floréal an VII, doivent être exceptées. On s'accorde aujourd'hui à le reconnaître, et un arrêt de la Cour de cassation du 8 mai 1854 a levé tous les doutes sur ce point. Nous n'avons donc pas à y insister. Faisons seulement observer que les lois citées ci-dessus défendent toute opposition sur ces rentes, et que le dessaisissement, s'il devait s'y appliquer, ne pourrait précisément devenir efficace que par une opposition au transfert et au paiement des arrérages faite par les syndics au nom de la masse[1].

Il en est de même des traitements ou pensions de retraite qui peuvent être dus au failli.

Mais nous rencontrons une difficulté en ce qui concerne les objets mobiliers déclarés insaisissables par les articles 581 1° et 2° et 592 C. pr.[2].

1. M. Boistel. Précis de droit commercial, p. 625.
2. Art. 581. Seront insaisissables : 1° les choses déclarées insaisissables par la loi ; — 2° les provisions alimentaires adjugées par justice ; — 3° les sommes et objets disponibles déclarés insaisissables par le testateur ou donateur ; — 4° les sommes et pensions pour aliments, encore que le testament ou l'acte de donation ne les déclare pas insaisissables.
Art. 592. Ne pourront être saisis : 1° les objets que la loi déclare immeubles par destination ; — 2° le coucher nécessaire des saisis, ceux de leurs enfants vivant avec eux ; les habits dont les saisis sont vêtus et couverts ; — 3° les livres relatifs à la profession du saisi jusqu'à la somme de trois cents francs à son choix ; — 4° les machines et instruments servant à l'enseignement pratique ou exercice des sciences et arts jusqu'à concurrence de la même somme et au choix du saisi ; — 5° les équipements des militaires suivant l'ordonnance et le grade ; — 6° les outils des artisans nécessaires à leurs occupations personnelles ; — 7° les farines et menues denrées nécessaires à la consommation du saisi et de sa famille pendant un mois ; — 8° enfin une vache ou trois brebis, ou deux chèvres, au choix du saisi, avec les pailles, fourrages et grains nécessaires pour la litière et la nourriture desdits animaux pendant un mois.

Ces articles sont-ils modifiés par l'article 443 C. C., et les objets qu'ils déclarent insaisissables sont-ils néanmoins en cas de faillite soumis au dessaisissement? — Certains auteurs soutiennent l'affirmative et invoquent la généralité des termes de notre article 443, et de plus les articles 469 et 474 C. C., qui permettent au juge de dispenser des scellés les objets servant au travail et à l'entretien du failli et de sa famille; on ne peut plus, disent-ils en présence de ces articles, dire qu'on manquerait aux premiers devoirs de l'humanité en étendant le dessaisissement aux objets dont il s'agit.

Cette solution ne nous paraît pas être la vraie. Nous croyons que si l'article 443 avait entendu déroger aux articles 581 et 592 C. pr., il l'aurait dit expressément. De plus ces objets étant déclarés insaisissables par la loi, les créanciers n'ont jamais dû les considérer comme faisant partie de leur gage et il n'y a pas pour eux de surprise. Enfin, ne peut-on pas considérer l'insaisissabilité comme une charge dont sont grevés ces biens? Or nous avons vu que la masse est obligée de respecter les charges qui pèsent sur les biens du failli. Quant à l'argument des articles 469 et 474 C. C., il n'a rien selon nous de décisif. On peut dire qu'ils règlent simplement une question de procédure relative précisément aux objets que la loi a déclarés insaisissables, et qu'ils exigent l'intervention du syndic et du juge commissaire pour qu'ils empêchent qu'on ne cherche à soustraire au dessaisissement d'autres objets que ceux qui sont compris dans l'énumération de la loi.

Telle est la décision que nous adoptons pour les objets énumérés dans l'article 581, n°° 1 et 2, c'est-à-dire pour les choses déclarées insaisissables par la loi et les provisions alimentaires adjugées par justice. Mais en ce qui concerne celles comprises dans les n°° 3 et 4 du même article, c'est-à-dire les sommes et objets déclarés insaisissables par le testateur ou donateur, ainsi que les pensions alimentaires, l'article 582 C. pr. crée une nouvelle difficulté; il déclare en effet que ces objets ne sont insaisissables qu'au regard des créanciers existant au moment de la donation ou de l'ouverture du testament, et qu'ils peuvent être saisis par les créanciers postérieurs à l'acte de donation ou à l'ouverture du legs en vertu d'une permission du juge et pour la portion qu'il déterminera.

Ces règles sont-elles applicables en cas de faillite? — Telle est la question que soulève ici cet article. Deux hypothèses peuvent se présenter:

1° *La donation a été faite ou le legs s'est ouvert postérieurement au jugement déclaratif.* — Ici le doute n'est pas possible et il faut, d'après ce que nous avons dit plus haut, déclarer l'article 443 inapplicable.

2° *La libéralité est antérieure au jugement.* Il faut en ce qui concerne cette seconde hypothèse sous-distinguer trois cas :

A. *Les créanciers de la faillite sont tous postérieurs à la donation ou à l'ouverture du legs.* — D'après les motifs déjà indiqués nous déciderons que l'article 443 est inapplicable ici, que la situation doit être régie par l'article 582 C. pr., c'est-à-dire que les objets donnés ou légués ne pourront être compris dans le dessaisissement qu'en vertu de la permission du juge et pour la portion qu'il déterminera.

B. *Les créanciers de la faillite sont tous antérieurs à la libéralité.* — Appliquant ici encore les termes de l'article 582 C. pr., nous déclarons que ces biens ne sont pas compris dans le dessaisissement.

C. *Parmi les créanciers, les uns sont postérieurs tandis que les autres sont antérieurs à la libéralité.* — On aperçoit à première vue la difficulté que soulève ce troisième cas; s'il s'agissait de créanciers placés dans une situation ordinaire, on réglerait facilement leurs droits en appliquant aux uns et aux autres séparément les solutions précédemment adoptées pour le premier et pour le second cas. Mais il s'agit ici des créanciers d'une faillite, c'est-à-dire de créanciers qui ne forment tous ensemble qu'une seule masse et qui doivent tous avoir les mêmes droits, sans qu'aucun d'eux puisse acquérir aucun droit de préférence postérieurement au jugement déclaratif. Mais en même temps il serait injuste de déclarer perdu pour les créanciers postérieurs à la libéralité, le droit de saisir dans une certaine mesure que déterminera le juge, les biens qu'ils ont pu prendre en considération en traitant avec leur débiteur, car ils ont probablement ignoré la condition d'insaisissabilité apposée par le donateur ou le testateur.

Il faut donc dire que le droit des créanciers postérieurs subsistera dans ce cas, mais qu'il sera exercé par la masse dans les limites indiquées par l'article 582 C. pr., c'est-à-dire seulement avec l'autorisation du juge et dans la proportion qu'il déterminera.

Comme on le voit, toutes les solutions que nous venons d'admettre ne pouvaient être douteuses pour nous du moment que nous avions adopté ce principe que l'article 443 n'a pas abrogé les articles 481, 482 et 492 C. pr.

Terminons sur ce sujet par une observation qui donne à notre système une nouvelle force. Il est à remarquer que nos adversaires, ceux-là même qui prétendent que l'article 443 se suffit à lui-même sans qu'il y ait à tenir compte des dispositions du Code de procédure, reculent devant certaines conséquences de leur affirmation, car ils admettent que la masse n'a pas droit aux biens donnés ou légués dans le cas où la libéralité est postérieure au jugement déclaratif. Ils retournent en décidant ainsi aux principes du Code de procédure, et c'est là, nous le répétons, une concession qui nous donne gain de cause.

## SECTION III.

#### ÉPOQUE A LAQUELLE COMMENCE LE DESSAISISSEMENT.

Le dessaisissement commence au jour du jugement déclaratif. L'article 443 le dit formellement en ces termes : « Le jugement déclaratif de la faillite emporte de plein droit à partir de sa date dessaisissement pour le failli, etc.... » — Néanmoins, ce point de départ a été contesté, et quelques personnes ont prétendu que le dessaisissement ne devait commencer que du jour où le jugement est rendu public, conformément à l'article 442. Cet article, dit-on, serait insignifiant si le jugement produisait tous ses effets indépendamment de la publicité prescrite, et l'on invoque de plus la protection que la loi veut accorder aux tiers qui, en l'absence des affiches et publications, sont exposés à contracter avec un commerçant dont ils ne connaissent pas la faillite.

Ce système ne saurait se soutenir. Les effets de l'affiche et de l'insertion dans les journaux sont limités par l'article 580, dans lequel nous lisons que l'accomplissement de ces formalités est le point de départ des délais d'opposition au jugement déclaratif. Or, si le législateur nous indique cet effet de la publicité, pourquoi n'indiquerait-il pas également le dessaisissement qui est bien autrement important, s'il voulait réellement le faire dater du jour où le jugement est rendu public; il eût été d'autant plus nécessaire de s'expliquer sur ce point qu'en l'absence d'une disposition formelle, on ne peut que s'en rapporter à l'article 443, lequel dit positivement le contraire.

En ce qui concerne l'argument tiré de l'intérêt des tiers, nous n'avons qu'un seul mot à répondre : on ne veut pas que le jugement produise d'effets avant d'avoir été rendu public. Mais cela est si peu dans l'esprit de la loi sur les faillites, que le jugement déclaratif et celui qui fixe la date de la cessation de paiement, produisent des effets qui rétroagissent à une époque antérieure à celle où ils sont prononcés.

Il nous paraît inutile d'insister sur cette controverse que nous n'avons citée que pour être complets, rien ne pouvant, selon nous, contre-balancer l'article 443, qui nous dit d'une façon si formelle : « le jugement déclaratif emporte de plein droit dessaisissement à partir de sa date, » et non à partir de sa publication, ni sous la condition de sa publication.

Il en était autrement sous l'empire du code de 1807, d'après lequel le dessaisissement résultait de plein droit de la cessation des paiements (Pauc., art. 441 et 442). — Ce système était peu équitable, car la cessation de paiements est un fait que les tiers ne peuvent pas toujours connaître facilement, tandis qu'en réalité, ils peuvent toujours savoir que le jugement déclaratif a été rendu, même avant sa publication. Aussi cette législation était-elle considérée comme tellement dure que la jurisprudence ne craignant pas de faire fléchir sa rigueur, était allée jusqu'à décider que les syndics, pour pouvoir invoquer la rétroactivité du dessaisissement, devaient prouver que les tiers avaient été de mauvaise foi et que les actes passés avec eux avaient causé un préjudice à la masse.

C'est donc avec raison que la loi de 1838 fait dater le dessaisissement du jour du jugement déclaratif. Notons cependant, qu'aujourd'hui encore, le dessaisissement peut porter atteinte à des actes passés avant le prononcé du jugement, car ce jugement ne portant pas la mention de l'heure à laquelle il est rendu, on s'accorde à reconnaître que le dessaisissement date de la première heure du jour, c'est-à-dire du minuit précédent.

## SECTION IV.

### DES EFFETS DU DESSAISISSEMENT QUANT AUX ACTES DU FAILLI.

Le dessaisissement, nous l'avons dit, laisse subsister la capacité civile du failli; mais comme toutes les valeurs de son patrimoine, sauf les quelques exceptions indiquées dans la section II, sont désormais affectées au gage de ses créanciers, elles sont indisponibles pour lui. Voyons maintenant plus en détail quelles sont les conséquences de cette indisponibilité en ce qui concerne les actes du failli postérieurs au jugement déclaratif.

Le failli ne peut plus en aucune façon diminuer son patrimoine actuel, avons-nous dit. La première application de cette règle qui se présente naturellement à l'esprit est celle-ci : il ne peut faire aucune aliénation à titre gratuit, ni aucun contrat unilatéral duquel résulterait pour lui une obligation exécutoire sur ses biens présents ou sur ses biens futurs tant que les créanciers actuels ne seront pas désintéressés. (Toutefois s'il avait avant sa faillite contracté une obligation conditionnelle et que la condition se réalisât après le dessaisissement, cette obligation serait valable et opposable à la masse.) — De plus, il ne peut hypothéquer, cela est évident, car on sait qu'aucun créancier ne peut plus acquérir de droit de préférence. — *Quid* des hypothèques légales? — Elles ne seront pas non plus opposables à la masse, car les créances que garantissent ces hypothèques naissent en général de faits volontaires, comme le mariage, l'acceptation de certaines fonctions. Or, le failli ne peut plus se créer volontairement d'obligations opposables à la masse.

Il ne lui est plus permis de céder les créances qu'il peut avoir contre des tiers, ni d'en toucher le paiement, ni de les éteindre par un fait volontaire de sa part. Enfin, il ne peut d'aucune façon éteindre ses dettes au préjudice de la masse. Cela résulte de ce que nous avons déjà dit.

Sur tous les points que nous venons d'indiquer, aucune difficulté ne peut s'élever. Nous allons maintenant aborder une série de questions un peu plus compliquées.

En ce qui concerne les contrats, nous n'avons parlé jusqu'ici que de contrats unilatéraux et d'aliénations à titre gratuit. Que dirons-nous des contrats synallagmatiques et des aliénations à titre onéreux ? — La masse pourra à son gré, ou faire tomber, ou accepter ces actes, mais elle ne pourra pas les diviser, c'est-à-dire qu'elle ne pourra pas faire tomber les obligations contractées par le failli et exiger l'exécution de celles contractées par les tiers avec lesquels il a traité. Si la masse accepte ces actes, les tiers deviendront créanciers non plus du failli, mais de la faillite, et ils auront le droit d'exiger un paiement intégral, non un simple dividende.

De même si le failli postérieurement au jugement acquiert des donations ou des successions grevées de dettes ou de charges quelconques, la masse en vertu du principe que le dessaisissement porte aussi sur les biens à venir peut repousser ces donations ou ces successions ou les accepter. Mais, dans ce dernier cas, elle s'oblige personnellement à l'acquittement des dettes et charges. Les syndics ne devront d'ailleurs, sous leur responsabilité, accepter que sous bénéfice d'inventaire.

Quelle sera la solution, pour les obligations nées depuis le dessaisissement, d'un délit ou d'un quasi-délit du failli. Évidemment le failli pourra être condamné à des dommages-intérêts; mais la condamnation ne pourra être exécutée que plus tard, dans le cas où il resterait encore des biens une fois les créanciers désintéressés. En un mot de telles obligations ne seront pas opposables à la masse, même pour un dividende. — On pourrait être tenté au premier abord de repousser cette solution en alléguant que la femme mariée et le mineur, quoique incapables d'administrer leurs biens, sont obligés par leurs délits et par leurs quasi-délits. Mais ce raisonnement ne serait pas juste. On admet parfaitement que le failli est obligé par ses délits et par ses quasi-délits; il ne s'agit ici que d'une question d'exécution sur les biens. On ne peut d'ailleurs comparer la situation d'un incapable à celle du failli qui est capable, mais dont les biens sont frappés d'indisponibilité au profit de la masse. — Mais, pourrait-on dire encore, la faillite ne doit pas avoir pour résultat de permettre au failli de délinquer impunément (en ce qui concerne les condamnations pécuniaires). Il est facile aussi de répondre à cet argument : le failli, en ce qui concerne ses délits et en général ses obligations nées après le jugement déclaratif, peut être assimilé à un individu qui ne possède actuellement aucun bien (puisque personne, sauf la masse, ne peut toucher à son avoir). Dès lors notre solution devient forcée. — Enfin pour tout prévoir, si l'on nous objectait que les obligations dont nous parlons, ne naissent pas précisément de la volonté seule du failli et qu'on ne peut pas les assimiler aux autres obligations, nous répondrions que la loi en prononçant contre le failli le dessaisissement a précisément voulu prévoir et atteindre les actes par lesquels il pourrait nuire à la masse, et que si nous déclarions opposables à la masse les obligations nées de ses délits et quasi-délits, nous méconnaîtrions le but de la loi.

De tout ce que nous venons de dire, il résulte que le failli pourra (s'il a été affranchi de l'incarcération) se livrer à un commerce ou à une industrie quelconque, sans avoir besoin d'aucune autorisation; mais il ne pourra engager dans ce commerce ou dans cette industrie que des valeurs non comprises dans le dessaisissement, par exemple, des sommes empruntées à des parents ou à des amis. D'autre part, il faut encore qu'il s'agisse d'un autre commerce que celui que le failli exerçait précédemment, car tout ce qui concerne cet ancien commerce est compris dans le dessaisissement, le matériel, les marchandises et même la clientèle, tout cela fait partie du gage de la masse; le failli ne peut lui faire concurrence. — Quant aux bénéfices qu'il pourra ainsi réaliser, c'est la masse qui en profitera, puisque le dessaisissement s'étend aux biens à venir; mais elle n'en profitera que déduction faite des charges qui les grèvent, c'est-à-dire de toutes les dettes relatives au nouveau commerce du failli, et après leur acquittement intégral.

Les syndics, comme mandataires de la masse, pourront surveiller les opérations, afin d'empêcher tout détournement des bénéfices et toute entreprise hasardeuse pouvant les compromettre. Ils pourront donc faire opposition à certains actes que le failli voudrait faire; mais s'ils les laissent passer sans opposition, ils ne peuvent plus ensuite les attaquer[1].

Ces principes sont consacrés aujourd'hui par la jurisprudence, et nous n'avons fait d'ailleurs en les exposant que reproduire les termes de deux arrêts. (Cass., Ch. civ., 12 janv. 1854; Req., 5 novembre 1873.) Le premier de ces arrêts reconnaît au failli le droit d'agir et de défendre en justice à raison des actes ou des faits de son nouveau commerce.

C'est assurément une grande preuve d'énergie et d'honnêteté de la part du failli de se livrer de nouveau au commerce, pour arriver à réaliser des bénéfices dans le but de payer ses créanciers. Aussi tous les auteurs s'accordent-ils à dire que le syndic devra lui laisser une certaine latitude, afin de ne pas le décourager et de ne pas entraver ses efforts; il sera bon de plus de lui laisser une certaine part de bénéfices à titre de secours; la jurisprudence admet même qu'en cas de contes-

---

[1]. M. Boistel, Précis de droit commercial, p. 620 et 630.

tation les juges pourraient lui attribuer cette part ; mais cela une fois seulement que les résultats du travail seront connus et non par avance[1].

## SECTION V.

### DE LA MODIFICATION QU'APPORTE LE DESSAISISSEMENT DANS L'EXERCICE DES ACTIONS.

« A partir du jugement déclaratif, dit le 2º alinéa de l'article 443, toute action mobilière ou immobilière ne pourra être suivie ou intentée que contre les syndics. » — Il s'agit dans ce passage des actions qui tendent à faire reconnaître un droit en justice, et non des voies d'exécution. C'est là une autre question que nous aurons à étudier dans notre chapitre II.

Si l'article 443, 2º alinéa, que nous venons de citer, ne parle que d'actions appartenant à des tiers contre le failli, c'est-à-dire du cas où celui-ci est défendeur, sans viser expressément le cas où il serait demandeur, c'est uniquement parce que cette seconde hypothèse ne peut présenter aucun doute ; le failli étant dessaisi de l'administration de ses biens, il est évident qu'il ne peut exercer lui-même les actions en justice qui lui appartiennent.

Ainsi, en principe, à partir du jugement décla-

---

1. Jugement du Tribunal de commerce de la Seine du 6 janvier 1869.

ratif, c'est contre les syndics que s'exerceront les droits des tiers envers le failli, et de même ce sont les syndics qui feront valoir en justice les droits qui pourraient appartenir au failli; il est d'ailleurs fait application de cette seconde partie de notre règle dans l'article 471 C. C., qui déclare que « les effets de portefeuille à courte échéance ou susceptibles d'acceptation, ou pour lesquels il faudrait faire des actes conservatoires, seront aussi extraits des scellés par le juge de paix, décrits *et remis aux syndics pour en faire le recouvrement.* »

Remarquons qu'il en sera ainsi, même si la procédure avait été engagée avant la faillite; c'est ce que nous indiquent ces termes de notre article : « *Ne peuvent être intentées ou suivies*[1]. »

Le dernier alinéa de l'article 443 nous apprend que le tribunal pourra, lorsqu'il le jugera convenable, recevoir le failli partie intervenante. Ajoutons que toute partie intéressée pourra l'appeler en cause, du moment que sa présence aura été jugée nécessaire. (Avis du Conseil d'État du 28 juillet 1854.)

Mais ce principe de la substitution des syndics au failli pour l'exercice des actions actives et passives est loin d'être absolu. Il a été admis, avons-

---

[1]. Voy. Arrêt de la Chambre des requêtes du 23 janvier 1866. Il ressort de ce même arrêt que les dépens, en cas de perte du procès par les syndics, devront être supportés par la masse.

nous dit, comme une conséquence du dessaisissement ; il s'ensuit donc que le failli qui n'est pas incapable, mais seulement dessaisi, pourra ester en justice comme demandeur ou comme défendeur toutes les fois qu'il ne s'agira pas d'un procès relatif à ses biens indisponibles. Il faut donc excepter de la règle que nous avons posée un certain nombre d'actions.

Ce sont d'abord les actions qui sont exclusivement attachées à la personne ; c'est, sous ce rapport, la distinction indiquée dans l'article 1166 C. N. et qui est reproduite ici dans notre article 443 où il n'est parlé que d'actions mobilières et immobilières, c'est-à-dire d'actions relatives aux biens. — Citons en premier lieu comme actions exclusivement attachées à la personne, les actions en séparation de corps, en adultère, en voies de fait, en diffamation, en nullité de mariage, en désaveu et en général en contestation d'état.

A cette énumération il faut ajouter l'action en révocation d'une donation pour cause d'ingratitude ; dans le cas où le failli est donateur et victime de l'ingratitude, il peut seul exercer l'action, le donateur étant toujours libre de pardonner. — Si c'est lui qui est le donataire ingrat, lui seul pourra défendre à la demande, car il s'agit ici d'une espèce de peine. Mais pour que le jugement soit opposable à la masse, il faudra :

1° Que le syndic ait été mis en cause ;
2° Que les faits d'ingratitude soient antérieurs

à la déclaration de faillite (le failli ne peut plus, comme nous l'avons vu, nuire à la masse par son fait);

3° Que la demande ait été intentée avant le jugement déclaratif et que la formalité de l'inscription de cette demande en marge de la transcription de l'acte de donation ait été remplie, s'il s'agit de la révocation d'une donation immobilière.

Il en est autrement de l'action en révocation pour inexécution des charges et pour survenance d'enfants qui seront intentées par et contre les syndics.

Rappelons que c'est le failli lui-même qui sera actionné à raison de ses délits et de ses quasi-délits, et qu'il a aussi qualité pour agir et défendre en justice à raison des actes du nouveau commerce ou de la nouvelle industrie qu'il pourrait exercer[1].

Citons enfin comme actions non comprises dans la disposition de l'article 443, les actions concernant la réparation d'un dommage causé au failli ou à sa famille, notamment l'action en indemnité pour l'expropriation des lieux qu'il détenait comme locataire, l'action que le failli intenterait contre un coassocié pour abus de confiance en vue de rétablir son honneur et sa considération compro-

---

1. Voy. l'arrêt de la Cour de cassation de 1854, cité plus haut, p. 135.

mis par les suites des détournements de ce coassocié. Ces décisions qui nous sont fournies par deux arrêts de la Cour de cassation (l'un arrêt de rejet du 10 août 1852, l'autre arrêt de cassation du 17 juin 1865), sont du reste parfaitement en harmonie avec le principe posé plus haut.

Il nous reste à parler d'une action à laquelle l'état de faillite donne souvent lieu, nous voulons dire l'action en séparation de biens. Un doute pourrait s'élever sur ce point; mais il faut décider qu'elle doit être intentée contre les syndics, car il s'agit ici d'une action surtout relative aux biens. Un arrêt de la cour d'Angers, du 11 mars 1842, décide en ce sens.

Notons que dans tous les cas où le failli agit lui-même, soit comme demandeur, soit comme défendeur, le syndic a toujours le droit d'intervenir pour surveiller les intérêts des créanciers et les condamnations prononcées hors sa présence ne seraient pas opposables à la masse.

Les actions déjà intentées lors du jugement déclaratif seront suivies, soit par le syndic, soit par le failli, suivant les distinctions que nous avons établies.

Enfin le failli peut faire lui-même, relativement à ses biens, tous actes conservatoires, car le dessaisissement n'a lieu qu'en faveur de la masse, et comme il s'agit ici d'actes utiles à tous les créanciers, il est très-juste que le failli ne soit pas forcé à l'inaction, si le syndic laisse par négligence péricliter ses droits; cela pour a (s'il ne s'agit pas de droits attachés à la personne du failli) continuer lui-même l'instance conservatoire. — Le failli peut donc signifier un jugement rendu à son profit; il peut agir pour empêcher une prescription de s'accomplir, etc.... Il peut enfin, aux termes d'un arrêt de la cour de Bordeaux du 28 juin 1867, interjeter appel d'une décision rendue; mais par contre il a été jugé par la même cour qu'il ne pouvait pas interjeter appel si la volonté formelle du syndic était contraire, et cela même dans le cas où il aurait été admis à intervenir en première instance.

# CHAPITRE II.

## SUSPENSION DES VOIES D'EXÉCUTION INDIVIDUELLES.

Ce chapitre comprend trois sections :
1° Exposition du principe. — Sa portée.
2° Exceptions au principe.
3° De la faculté d'intervention qui peut être accordée au failli.

## SECTION I.

### EXPOSITION DU PRINCIPE. — SA PORTÉE.

A partir du jugement déclaratif, les créanciers ne peuvent plus exercer de poursuites ou voies d'exécution individuelles sur les biens du failli[1]. Cette règle s'explique très-bien d'abord par la volonté qu'a eue le législateur d'économiser le plus possible le temps et les frais, et de plus, par cette considération que chaque créancier n'ayant droit désormais qu'à une quote-part de ce qui lui est dû et la liquidation étant confiée aux syndics, celui qui exercerait ainsi des poursuites ne pour-

---

1. Avant l'abolition de la contrainte par corps, en 1867, les poursuites contre la personne cessaient également, la contrainte par corps ayant pour but de forcer le débiteur à payer, et le failli ne pouvant plus, par suite du dessaisissement, faire aucun paiement valable.

rait pas conserver ce qu'il obtiendrait; aucun d'eux ne peut plus, ni recevoir un paiement volontaire, ni se procurer ce qui lui est dû par des actes d'exécution forcée.

Avant d'aborder les développements relatifs à ce troisième effet du jugement déclaratif, il est nécessaire de faire une observation. Ce principe de la suspension des voies d'exécution individuelles n'est nulle part formulé d'une façon spéciale dans la loi, et d'autre part nous rencontrons une difficulté apparente dans l'article 443, qui, après avoir dit que les actions mobilières ne pourraient être suivies ou intentées que contre les syndics, ajoute ensuite : « *il en sera de même de toute voie d'exécution tant sur les meubles que sur les immeubles* », ce qui semble bien indiquer qu'il y aura encore des voies d'exécution individuelles pourvu qu'elles soient dirigées contre les syndics. — Mais si nous n'avons pas de texte qui pose spécialement ce principe, nous en avons plusieurs qui s'y réfèrent d'une façon assez claire. C'est ainsi que l'article 527 dit que le jugement qui prononce la clôture de la faillite pour cause d'insuffisance d'actif, *fait rentrer chaque créancier dans l'exercice de ses actions individuelles*, que les articles 532 et 534 disposent que les syndics représentent les créanciers pour la liquidation des biens du failli *et sont chargés de poursuivre la vente de tous ses biens*, que l'article 539 déclare « *qu'après la dissolution de l'union les créanciers* rentreront dans l'exercice de leurs actions individuelles. » Enfin l'article 571 nous apprend « qu'à partir du jugement qui déclarera la faillite, les créanciers ne pourront poursuivre l'expropriation des immeubles sur lesquels ils n'auront pas d'hypothèques. »

Quant à la disposition de l'article 443 dont nous avons parlé, elle s'explique par cette observation que certains créanciers font exception à la règle et conservent leur droit d'exécution sur les biens du failli ; ces créanciers devront diriger leurs poursuites contre les syndics et non contre le failli. Il faut donc lire ainsi le 3ᵉ alinéa de l'article 443 : « dans le cas où par exception des voies d'exécution individuelles sont encore ouvertes, c'est contre le syndic que l'on devra agir. » Nous nous expliquerons un peu plus loin sur ce point.

Les voies d'exécution individuelles ne peuvent donc plus être commencées après le jugement déclaratif. Cela est maintenant pour nous un point établi ; mais celles commencées antérieurement ne peuvent-elles pas être continuées ? — La question est controversée.

Certains auteurs pensent que les poursuites commencées avant le jugement déclaratif peuvent être continuées une fois qu'il a été prononcé, à condition toutefois que la procédure soit désormais dirigée contre le syndic. L'article 443, disent-ils, adopte implicitement cette solution ; après avoir dit que les actions mobilières ne peuvent être intentées ou suivies que contre les syndics il ajoute qu'il en sera de même des voies d'exécution. D'ailleurs, qu'est-ce que le dessaisissement si ce n'est une espèce de saisie opérée sur les biens en faveur de la masse? Or, si l'on suppose un individu dont les biens sont saisis à la requête de l'un de ses créanciers, qu'un second créancier vienne à opérer à son tour une saisie, cette saisie n'annulera pas la première ; mais le second saisissant s'unira au premier, continuera avec lui la procédure et viendra en concours sur le prix des biens vendus. Il doit en être de même dans le cas qui nous occupe ; la masse peut être comparée au second saisissant. De plus il serait injuste de faire supporter les frais de la saisie entreprise par un créancier qui l'a régulièrement commencée à une époque où il était dans son droit en agissant ainsi. — Enfin les partisans de ce système invoquent par analogie l'article 572 aux termes duquel, disent-ils, ce n'est que lorsqu'il n'y a pas eu de poursuites en expropriation des immeubles commencées avant l'époque de l'union que les syndics sont seuls admis à poursuivre la vente. Donc, concluent-ils, si les poursuites en expropriation ont commencé avant l'union, le créancier peut les continuer ensuite. (V. de plus en ce sens les arrêts suivants. Aix 21 juillet 1840. Agen 19 mars 1849. Caen 12 août 1861. Rouen 10 août 1862.)

L'opinion contraire nous paraît préférable.

L'article 443 3ᵉ alinéa, d'après ce que nous avons déjà dit, ne peut avoir le sens qu'on lui prête. Ce texte ne peut vouloir dire qu'une chose, nous le répétons, c'est que dans les cas exceptionnels où des poursuites individuelles sont possibles, elles devront s'exercer contre le syndic, ce qui ne tranche nullement la question de savoir si en dehors de ces cas exceptionnels une poursuite commencée avant la faillite pourrait être continuée. Il n'est pas exact au point de vue qui nous occupe d'assimiler le dessaisissement à une saisie; les effets de l'un ou de l'autre ne sont pas les mêmes. En veut-on un exemple: une première saisie pratiquée par un créancier n'empêcherait nullement un second créancier de commencer à exercer des poursuites pour son compte. Or tout le monde s'accorde à reconnaître qu'il en est autrement du dessaisissement.

Le système que nous combattons a l'inconvénient de multiplier les frais, car il pourrait se faire que plusieurs saisies soient commencées avant la déclaration de faillite; or on sait que le vœu de la loi est précisément d'éviter autant que possible les frais de procédure qui diminuent d'autant le dividende des créanciers. Le syndic doit d'ailleurs concentrer entre ses mains toute l'administration de la faillite. Cette centralisation de tous les pouvoirs se concilierait mal avec le droit pour les créanciers de continuer chacun de leur côté les poursuites qu'ils peuvent avoir commencées.

Enfin l'argument tiré de l'article 572 nous paraît peu concluant. D'abord si l'on veut raisonner a contrario comme le font nos adversaires, on est conduit à dire que non-seulement on pourra continuer les poursuites commencées avant le dessaisissement, mais encore que tout créancier en pourra commencer de nouvelles jusqu'à l'époque de l'union. Nous ne croyons pas qu'on ose aller jusque-là. Quels sont donc le sens et la portée de cet article 572? — Selon nous il s'occupe uniquement du cas exceptionnel dans lequel les poursuites sont autorisées par l'article 571 in fine, c'est-à-dire du cas où il s'agit de créanciers hypothécaires. (Jurisprudence. Rouen 6 juin 1843. Dijon 18 janvier 1858. Lyon 30 novembre 1866.)

Quelques personnes, tout en adoptant en principe notre système pour les voies d'exécution sur les meubles, font des restrictions en ce qui concerne la saisie immobilière en se fondant sur les articles 571 et 572. Nous venons de nous expliquer sur ces articles[1].

Ainsi, en principe, à partir du dessaisissement, c'est-à-dire du jugement déclaratif de faillite, les créanciers ne peuvent plus obtenir par voie de poursuite individuelle le payement de ce qui leur est dû. Ils peuvent seulement produire à la fail-

---

1. En ce sens, Dalloz. — V. aussi sur la question un arrêt de la Cour de Paris du 27 juin 1846.

lite leurs titres de créance en les déposant au greffe ou entre les mains des syndics, conformément aux articles 491 et 492 C. c. Par contre la prescription ne court plus contre eux; elle se trouve interrompue par les actes des syndics [1]. — Nous reconnaîtrons au créancier qui avait commencé des poursuites le droit de se faire payer les frais d'exécution faits par lui. La cour de Bordeaux a même admis que ces frais devaient être garantis par le privilége de l'article 2101. C. N. Nous n'irons pas jusque-là.

## SECTION II.

### EXCEPTIONS AU PRINCIPE DE LA SUSPENSION DES VOIES D'EXÉCUTION INDIVIDUELLES.

Nous avons dû plusieurs fois dans la section I de ce chapitre faire allusion à certains créanciers au profit desquels il a été fait exception au principe de la suspension des poursuites individuelles. Cherchons maintenant quels sont les créanciers.

Le Code de commerce nous indique trois cas d'exception relatifs :

1° Aux créanciers gagistes (art 548);

2° Aux créanciers hypothécaires ou privilégiés sur les immeubles jusqu'à l'union (art. 571 et 572);

3° Au propriétaire des lieux servant à l'exploi-

---

[1]. Cass., 5 janvier 1864. Aix, 29 mai 1872.

tation du commerce du failli, quant aux objets qui les garnissent (art. 450).

Ces créanciers ont quant aux biens du failli affectés au payement de leurs créances un droit exclusif. Ils doivent quoi qu'il arrive, être payés intégralement, ou tout au moins par préférence aux simples créanciers chirographaires. Donc ils ne portent aucune atteinte aux droits de la masse en agissant d'eux-mêmes sans attendre que les syndics provoquent la vente des biens sur lesquels porte la sûreté spéciale qui garantit leur créance et sans laquelle ils n'auraient pas contracté très-probablement.

L'exposition de ces motifs ne semble-t-elle pas nous conduire à cette conséquence que tous les créanciers privilégiés doivent être affranchis des entraves que la loi apporte aux poursuites des créanciers chirographaires? Beaucoup d'auteurs admettent en effet cette extension donnée aux cas d'exception en raison de l'identité des motifs. — Quelle que soit l'autorité des personnes qui défendent ce système, et la valeur de l'argument d'analogie qu'elles invoquent, nous n'osons nous y rallier parce qu'il nous paraît trop contraire au texte de la loi. Comme le fait très-justement remarquer M. Boistel, la loi n'a pas posé de principe général pour tous les créanciers privilégiés; nous trouvons seulement les quelques dispositions isolées et spéciales que nous avons énumérées. Or, ces dispositions sont exceptionnelles; elles ne peuvent s'étendre. Enfin, ajoute notre savant maître, il n'y a pas d'analogie parfaite entre tous les cas. Les créanciers de l'article 2101 munis du privilége général pouvant exercer leurs droits sur tout le patrimoine du failli et non pas seulement sur un bien particulier, troubleraient bien plus gravement l'action des syndics [1].

Nous avons cité au nombre des créanciers qui conservent leur droit de poursuite individuelle nonobstant le jugement déclaratif le propriétaire des lieux servant au commerce du failli. On sait que le propriétaire a sur les objets qui garnissent les lieux loués un privilége fondé sur une idée de gage tacite. Mais son droit de poursuite est soumis à certaines restrictions que nous allons examiner.

L'article 450 C.c. (loi de 1838) est ainsi conçu : « *Toutes voies d'exécution pour parvenir au paiement des loyers sur les effets mobiliers servant à l'exploitation du commerce du failli seront suspendues pendant trente jours à partir du jugement déclaratif de faillite, sans préjudice de toute mesure conservatoire et du droit qui serait acquis au propriétaire de reprendre possession des lieux loués. — Dans ce cas la suspension des voies d'exécution établie au présent article cessera de plein droit.* »

Cette disposition qui suspendait ainsi le droit

1. En ce sens : Jugement du tribunal de commerce de Marseille, du 25 avril 1865.

d'action du locataire (au moins pour ce qui concernait l'exécution sur les meubles et effets servant à l'exploitation du fonds de commerce) se comprend très-bien. Le législateur avait voulu laisser aux syndics le temps de bien examiner la situation, de voir s'il n'était pas avantageux pour la masse que l'exploitation du fonds de commerce fût continuée, dans ce cas, de se procurer les ressources nécessaires pour désintéresser le locateur et éviter ainsi que les objets indispensables à l'exercice du commerce ou de l'industrie ne fussent saisis et vendus immédiatement.

L'article 450 a été modifié par la loi du 12 février 1872 (art. 1), qui, en conservant la règle de la suspension du droit d'agir pour le locateur, fixe le temps de cette suspension à huit jours, à partir de l'expiration du délai accordé pour les vérifications de créance par l'article 492. Nous aurons l'occasion de revenir dans le cours de notre travail sur cette loi qui a apporté aussi d'importantes modifications en cas de faillite à l'étendue du privilége accordé au locateur par l'article 2102 C. N.

Voici les termes du nouvel article 450 du Code de commerce, ainsi modifié :

« *Les syndics auront, pour les baux des immeubles affectés à l'industrie ou au commerce du failli, y compris les locaux dépendants de ces immeubles et servant à l'habitation du failli et de sa famille, huit jours à partir de l'expiration du délai* accordé par l'article 492 du Code de commerce aux créanciers domiciliés en France pour la vérification de leurs créances, pendant lesquels ils pourront notifier au propriétaire leur intention de continuer le bail à la charge de satisfaire à toutes les obligations du locataire. — Cette notification ne pourra avoir lieu qu'avec l'autorisation du juge commissaire et le failli entendu. » — (Ici commence le passage qui nous occupe spécialement pour le moment.) « *Jusqu'à l'expiration de ces huit jours, toutes voies d'exécution sur les effets mobiliers servant à l'exploitation du commerce ou de l'industrie du failli, et toute action en résiliation du bail seront suspendues, sans préjudice de toutes mesures conservatoires et du droit qui serait acquis au propriétaire de reprendre possession des lieux loués. — Dans ce cas, la suspension des voies d'exécution établie au présent article cessera de plein droit.* »

Ainsi, on le voit, quant au point que nous étudions (la suspension du droit d'agir pour le locateur) le principe est conservé. Le délai seul est modifié. Notons que depuis la loi de 1872, cette suspension a une nouvelle utilité ou plutôt qu'elle est indispensable pour que les syndics puissent profiter du délai qui leur est accordé pour déclarer leur intention de continuer le bail.

Cette suspension du droit du bailleur, aujourd'hui, comme sous l'empire de l'ancien article 450, est renfermée dans certaines limites. Elle ne s'applique qu'aux effets qui servent à l'exercice du commerce ou de l'industrie du failli; donc pour les autres meubles le locateur peut agir sans être obligé d'observer les délais ci-dessus indiqués. — De plus, rien ne s'oppose à ce que le propriétaire fasse des actes conservatoires. Notre article nous le dit expressément.

Enfin l'article 450 *in fine* nous apprend que la suspension cessera de plein droit dans le cas où il y aura droit acquis pour le propriétaire de reprendre possession des biens loués, ce qui peut se présenter lorsque le bail est expiré ou encore lorsqu'il a été stipulé dans le bail qu'en cas de non payement le locateur aurait le droit de rentrer immédiatement en possession. Dans ce cas le droit de reprendre possession des lieux loués résulte pour le propriétaire des termes mêmes du bail. Mais il peut se faire que le bail soit résilié par un jugement; il est vrai que le nouvel article 450 déclare que les actions en résiliation seront suspendues comme les voies d'exécution. Mais on peut supposer la demande en résiliation et le jugement de résiliation antérieurs de quelques jours au jugement déclaratif de faillite. Dans ces circonstances, si le failli, nonobstant la résiliation, occupe encore les lieux, le propriétaire pourra invoquer l'article 550 *in fine*. — On peut aussi supposer la demande intentée avant la déclaration de faillite et le jugement intervenu seulement après; dans ce cas quelle sera la solution relativement au point de vue qui nous occupe. Le propriétaire pourra-t-il agir immédiatement ? Cette hypothèse rentre-t-elle dans les cas prévus par l'article 550 in fine ?

Certaines personnes admettent l'affirmative, car disent-elles le jugement de résiliation ayant un effet rétroactif au jour de la demande, le propriétaire aurait ainsi acquis le droit de reprendre possession des lieux loués.

Nous adoptons l'opinion contraire, nous fondant sur cette observation que le jugement de résiliation n'est pas déclaratif de droits préexistants, mais attributif de droits nouveaux et que par suite ses effets ne peuvent remonter au jour de la demande.

## SECTION III.
### DE LA FACULTÉ D'INTERVENTION QUI PEUT ÊTRE ACCORDÉE AU FAILLI.

Nous avons maintenant terminé l'étude du dessaisissement et de ses conséquences, c'est-à-dire de la substitution des syndics au failli pour l'exercice des actions et pour la défense aux voies d'exécution dans les cas exceptionnels où celles-ci sont autorisées. Il ne nous reste plus pour compléter l'explication de l'article 443 que quelques mots à dire sur la dernière phrase de cet article qui est ainsi conçue : « *Le tribunal, lorsqu'il le jugera convenable, pourra recevoir le failli partie intervenante.* »

Ainsi la loi ne veut pas que le failli soit complétement écarté des débats où ses intérêts sont engagés; il est juste qu'il puisse les surveiller et empêcher que les syndics par négligence, incapacité ou calcul ne les laissent péricliter, car le dessaisissement ne lui enlève pas son droit de propriété, nous l'avons vu. Cette disposition est d'autant plus équitable que les syndics ne sont pas des mandataires ordinaires. Ils représentent à la fois la masse et le failli ; c'est-à-dire qu'ils ont entre les mains des intérêts qui sont quelquefois en opposition et qu'ils pourraient être portés à favoriser les uns au détriment des autres.

Le failli qui veut intervenir doit adresser une requête au tribunal devant lequel l'instance principale a été introduite pour ou contre le syndic. Si sa requête est rejetée, il peut interjeter appel. Il est évident qu'il faut admettre qu'il agira par lui-même et non par l'intermédiaire du syndic, contrairement à la règle posée dans l'article 443, 2° alin. Autrement il dépendrait du syndic d'empêcher toute intervention en refusant d'adresser la requête au tribunal.

Le tribunal a, en ce qui concerne cette intervention, un pouvoir discrétionnaire, quelle que soit la nature de l'action, qu'il s'agisse d'une question de propriété ou de simple administration, l'article 443 ne distingue pas. Telle est la décision de deux arrêts de la Cour de cassation, l'un du 25 février 1857, l'autre du 25 février 1862.

Le failli peut-il demander à intervenir pour la première fois en appel, dans le cas où il est resté en dehors du procès en première instance? La question est discutée. On a invoqué en faveur de la négative les articles 466 et 474 du code de procédure qui sont ainsi conçus :

« Article 466. — Aucune intervention ne sera
« reçue en appel si ce n'est de la part de ceux
« qui auraient droit de former tierce-opposition. »

« Article 474. — Une partie peut former tierce-
« opposition à un jugement qui préjudicie à ses
« droits et lors duquel ni elle ni ceux qu'elle re-
« présente n'ont été appelés. »

Or, a-t-on dit, le failli ne remplit pas les conditions requises par ces articles, car il a été représenté en première instance par le syndic[1].

Cette solution est selon nous trop absolue. Il faut user de distinction et y apporter quelques tempéraments. Il n'est pas toujours vrai de dire que le failli a été représenté en première instance par le syndic ; il ne l'a pas toujours été suffisamment, car nous avons vu qu'il pouvait y avoir opposition entre ses intérêts et ceux de la masse; il peut même y avoir eu collusion de la part du syndic. Dans ces cas, l'argument tiré des articles 466 et 474 pr. combinés n'a plus de force.

---

1. V. Demangeat sur Bravard, t. V, p. 139, note. — Renouard, t. I, p. 329.

# CHAPITRE III.

### EXIGIBILITÉ DES DETTES DU FAILLI.

Nous traiterons successivement dans ce chapitre :

1° Du principe de l'exigibilité et de sa portée ;

2° Des créanciers hypothécaires, privilégiés sur les immeubles et nantis ;

3° Des droits du propriétaire des lieux servant à l'exploitation du commerce du failli en ce qui touche les loyers à échoir. (Loi de février 1872.)

4° Des coobligés et des cautions du failli. Du cas spécial de faillite de l'un des signataires d'une lettre de change ou du souscripteur d'un billet à ordre.

## SECTION I.

#### EXPOSITION DU PRINCIPE. — SA PORTÉE.

« *Le jugement déclaratif, nous dit l'article 444* « 1er *alin., rend exigibles à l'égard du failli les dettes passives non échues.* »

Ce principe est d'ailleurs formulé dans l'article 1188 C N qui déclare « *que le débiteur ne peut plus* » *réclamer le bénéfice du terme lorsqu'il a fait* » *faillite ou lorsque par son fait il a diminué les* « *sûretés qu'il avait données par le contrat à son* « *créancier.* »

Il y a donc d'abord dans notre article 444 l'application d'une idée générale en matière d'obligations qui se justifie très-bien, car, ainsi que le fait remarquer Pothier (et cette donnée a été reproduite depuis par tous les auteurs), le terme accordé par le créancier au débiteur est censé avoir pour fondement la confiance en sa solvabilité. Lors donc que ce fondement vient à manquer le terme cesse. De là il suit que lorsque le débiteur a fait faillite et qu'il y a lieu à la distribution des deniers provenant de la vente de ses biens, le créancier peut toucher, quoique le terme de la dette ne soit pas expiré. Outre ces considérations d'équité, il faut remarquer que s'il fallait attendre pour terminer les opérations de la faillite et procéder à la répartition de l'actif du débiteur que toutes les créances fussent échues, la liquidation de la faillite se prolongerait indéfiniment, ce qui serait très-fâcheux pour tous les intéressés. On aurait pu, il est vrai, décider que les dividendes des créanciers à terme seraient mis en réserve. Mais cela eût entraîné des frais inutiles sans aucun profit pour personne.

Du reste cette exigibilité dont parle l'article 444 est loin de produire les mêmes effets que celle qui résulterait de l'échéance du terme, il n'en faut point exagérer la portée. Elle ne donne pas en général aux créanciers le droit de se faire payer[1].

---

[1]. Nous avons vu, dans le chapitre précédent, que les poursuites individuelles étaient suspendues à partir du jugement déclaratif. — Or, le principe de l'exigibilité des dettes doit se combiner avec celui de la suspension des voies d'exécution individuelles.

Elle a seulement pour effet de leur permettre de produire leurs titres à la faillite, de faire vérifier leurs créances, de les affirmer, de prendre part, en un mot, aux opérations de la faillite et aux répartitions.

Plusieurs législations étrangères admettent que le créancier dont la créance devient ainsi exigible par la faillite doit subir la déduction des intérêts pour le temps qui resterait à courir jusqu'à l'échéance. Notre code de commerce ne contient aucune disposition semblable. Un amendement en ce sens avait été proposé lors de la rédaction de notre article 444 (loi de 1838); aux termes de cet amendement, on aurait ajouté ce membre de phrase : *sous la déduction de l'escompte des intérêts* « *restant à courir calculés au taux légal.* » Cela fut rejeté. On n'a pas voulu compliquer les comptes. On a considéré que le plus souvent les créances étant productives d'intérêts, et les intérêts cessant de courir aux termes de l'article 445 du jour du jugement déclaratif de faillite, la déduction s'opérerait ainsi de plein droit avant que le créancier touche aucun dividende.

L'expression de « *dettes passives* » de l'article 444 est un pléonasme, mais c'est avec intention que le législateur l'a employée pour bien montrer que l'exigibilité ne s'applique pas aux créances que le failli peut avoir contre des tiers dont l'obligation ne peut être modifiée par la faillite de leur créancier. L'impossibilité d'exiger le payement de ces créances peut, il est vrai, entraver les opérations de la faillite, retarder la liquidation de l'actif et la distribution des dividendes. Mais les débiteurs du failli n'en ont pas moins le droit d'exiger qu'on respecte le terme qui leur a été accordé et sans lequel ils n'auraient pas contracté. L'union peut seulement se faire autoriser par le tribunal de commerce à traiter à forfait, le failli dûment appelé, de tout ou partie des droits et actions dont le recouvrement n'aurait pas été opéré et éviter ainsi en partie moyennant quelques sacrifices les inconvénients des retards dans la liquidation.

Ainsi les dettes du failli sont rendues exigibles par le jugement déclaratif; il n'en est pas de même de ses créances. Cela s'applique même aux obligations résultant de contrats synallagmatiques passés entre le failli et un tiers avant la faillite, si l'une seulement des obligations nées de ce contrat est accompagnée d'un terme. Ainsi celui qui a fait avec le failli une vente à crédit pourra se prévaloir contre la faillite de la perte du terme encourue par suite du jugement déclaratif, tandis que la situation de celui qui aurait acheté à crédit des marchandises au failli ne serait nullement changée. Mais si les deux obligations corrélatives sont toutes les deux à terme, le tiers qui a traité avec le failli ne peut invoquer le terme en ce qui concerne son obligation et réclamer immédiatement l'exécution de l'obligation du failli, en prétendant que l'exigibilité résultant du jugement déclaratif lui donne ce droit[1].

Il ne faut pas confondre, avons-nous dit, une dette à terme que la faillite rend exigible et une dette échue. La solution que nous admettons sur la question suivante nous offre une application de cette idée : Supposons qu'une personne soit créancière à terme d'une certaine somme envers un commerçant dont la faillite vient à être déclarée, et qu'en même temps elle soit débitrice de ce même commerçant d'une certaine somme actuellement exigible. Cette personne peut-elle refuser de payer à la faillite le montant de sa dette en se prétendant libérée par compensation (jusqu'à due concurrence)? — Non. Elle ne le peut pas. En effet, la compensation ne peut avoir lieu aux termes de l'article 1291, C. N., qu'entre deux dettes également liquides et exigibles. Or ici aucune de ces deux conditions ne se trouve remplie. En effet, la dette de la personne qui est en même temps créancière du failli est liquide; mais la dette du failli ne l'est pas; car la position de tous les créanciers devant être égale, chacun ne doit recevoir qu'un dividende, et il est impossible de fixer immédiatement le quantum de ce dividende. De plus, la dette du failli n'est pas non plus exigible dans le sens que l'article 1291 attache à ce mot. Or, quand je dois cent francs à un commerçant

---

[1]. M. Boistel, Précis de droit commercial, p. 648 et 649.

en faillite et que je suis également son créancier pour une somme de cent francs, pourrais-je demander que la masse me payât immédiatement cent francs? Non. Donc pas de compensation possible dès à présent. Il ne pourra y avoir lieu d'en parler que lorsque les dividendes seront fixés et exigibles eux-mêmes. A ce moment un créancier de la faillite qui serait en même temps son débiteur pourrait invoquer la compensation jusqu'à concurrence du montant de son dividende[1].

Supposons maintenant qu'il s'agisse de dettes résultant d'obligations corrélatives : un contrat d'assurance par exemple est intervenu entre Primus et Secundus. Primus a assuré à Secundus un navire pour une somme de 100, moyennant une prime de 10 0/0. Le navire périt et Primus tombe ensuite en faillite. Secundus doit 10, Primus doit 100. Les deux dettes sont liquides et exigibles. La compensation a lieu jusqu'à concurrence de 10, et Secundus produira pour 90 à la faillite de Primus. Mais supposons que le navire périsse après la faillite de Primus. Le syndic réclame 10 à Se-

---

1. Nous déciderions de même qu'un débiteur à terme du failli qui aurait contre lui une créance exigible au jour du jugement déclaratif ne pourrait pas renoncer au bénéfice du terme pour invoquer la compensation. Cette renonciation ne saurait rendre liquide sa créance, qui s'est transformée par l'effet du dessaisissement en un droit à un dividende dont le montant est encore inconnu. D'ailleurs, une fois la faillite déclarée, aucun créancier ne peut se procurer ainsi une sorte de payement intégral au détriment des autres (*Cass.*, 9 juillet 1860.)

cundus et lui dit : « Produisez à la faillite pour les 100 qui vous sont dus. » Secundus pourra-t-il (dans le cas où cela lui serait avantageux, c'est-à-dire si la faillite ne donne qu'un dividende inférieur à 10) répondre au syndic : « Je dois 10, cela est vrai ; mais on me doit 100. Comme les deux obligations sont corrélatives, dérivent du même contrat, je ne suis pas tenu d'exécuter mon obligation si vous n'exécutez pas la vôtre ? » — Non, il ne le pourrait pas, car la faillite ne refuse pas d'exécuter son obligation ; elle l'exécute du moment qu'elle admet Secundus comme créancier et qu'elle lui paye comme aux autres un dividende. Secundus sera donc obligé de payer 10 à la faillite de Primus et de se contenter de recevoir plus tard un dividende.

Il nous reste à examiner une hypothèse particulière pour laquelle on s'accorde à admettre une exception au principe que nous venons de développer. Supposons Primus et Secundus en compte courant. Primus a entre les mains un billet souscrit par Paul. Il endosse ce billet qui représente une valeur de 10 000 francs par exemple, au profit de Secundus, qui crédite le compte de Primus de 10 000 francs. Puis Primus tombe en faillite. Le billet vient à échéance et il est protesté. Paul est insolvable. Secundus peut alors recourir contre son endosseur Primus. — Rigoureusement, et d'après les principes que nous avons admis plus haut, il faudrait dire qu'il n'y a pas de compensation possible, de sorte qu'on arriverait à ce résultat : Secundus payerait à la faillite de Primus 10 000 francs, valeur nominale du billet à lui remis par Primus, 10 000 francs. — Puis comme créancier de Primus, son endosseur, il produirait à la faillite de celui-ci, et toucherait simplement un dividende, 20 0/0 par exemple, soit 2 000 fr. Mais on admet que Secundus peut dans ce cas faire une contre-passation, c'est-à-dire porter au débit de Primus les 10 000 francs qu'il avait d'abord portés à son crédit, et par suite ne rien payer à la faillite. On est arrivé à cette solution en se fondant sur cette idée que Secundus en recevant le billet de Paul des mains de Primus et en inscrivant le montant de ce billet au crédit du compte-courant de Primus, n'est devenu débiteur de celui-ci que sous la condition suspensive de payement du billet à l'échéance; en d'autres termes, sous la condition d'encaissement[1].

L'article 444, 1er al., ne s'applique pas aux créances conditionnelles[2]. Il existe en effet une grande différence entre une créance à terme et une créance conditionnelle. Dans le premier cas, la créance existe sûrement; dans le second, tout dépend de l'avenir; selon que la condition se réalisera ou non, la créance sera réputée avoir pris

1. En ce sens, Cass., 25 janvier, 1852. Massé, t. IV, p. 307 et suiv. — Renouard, t. I, p. 332 et suiv. — Delamarre et Lepoitvin, t. III, nos 318 et suiv.
2. Arrêt de la Cour de Paris du 18 décembre 1840.

naissance du jour de la convention ou n'avoir jamais existé. Mais il importe que le créancier conditionnel puisse surveiller ses intérêts comme les autres. Il a le droit de faire des actes conservatoires et par conséquent il doit être admis à prendre part aux opérations de la faillite ; mais il ne peut toucher. Le moyen le plus simple d'assurer les droits du créancier conditionnel, sans compromettre ceux des autres créanciers, est de consigner, lors de la distribution des deniers, la somme à laquelle il aurait droit et qu'il ne touchera qu'à l'accomplissement de la condition. On pourrait aussi faire toucher provisoirement le montant du dividende par les créanciers non-conditionnels, sous caution de restituer si la condition se réalise, ou bien remettre le dividende aux créanciers conditionnels, mais sous caution de le restituer avec les intérêts si la condition vient à défaillir.

## SECTION II.

### DES CRÉANCIERS HYPOTHÉCAIRES, PRIVILÉGIÉS SUR LES IMMEUBLES ET NANTIS.

Le principe de l'exigibilité des dettes du failli s'applique sans contredit à toutes les dettes chirographaires civiles ou commerciales. Sur ce point tout le monde est d'accord. Mais des difficultés sérieuses existent en ce qui concerne les créances garanties par une hypothèque, un privilége immobilier ou un gage. On sait, en effet, que pour les créanciers chirographaires le principe de l'exigibilité doit se combiner avec celui de la suspension des poursuites individuelles, ce qui en restreint singulièrement la portée. Quant aux créanciers dont nous parlons dans cette section, ils peuvent, lorsque leur créance est échue, poursuivre la vente des biens du failli sur lesquels porte leur sûreté. Peuvent-ils se prévaloir du principe posé dans l'article 444, 1er alin., pour exercer leurs poursuites dès l'époque du jugement déclaratif, sans attendre l'échéance régulière du terme qui affecte leur créance? — La question est controversée.

1er *système.* Oui. Ils le peuvent. L'article 444 du Code de commerce est absolu et ne distingue pas. Il déclare exigibles d'une façon générale à partir du jugement déclaratif toutes les dettes du failli, sans distinguer entre les créanciers chirographaires et les autres; or cet article ne modifie la créance qu'en un seul point, il avance son exigibilité; mais il laisse d'ailleurs au créancier tous ses droits. En outre il ressort clairement des articles 548 et 571, C. c., que les créanciers dont on s'occupe ici peuvent faire des poursuites en expropriation dès que leur créance est exigible, par conséquent dès le jugement déclaratif.

De plus, il est rationnel de décider ainsi, car il faut qu'on sache tout de suite s'il restera quelque chose pour la masse chirographaire, et on ne peut le savoir qu'une fois les créanciers munis de sûretés spéciales désintéressés.

Nous adopterons ce système qui a été consacré dans plusieurs arrêts par la jurisprudence [1].

2<sup>e</sup> *système*. Non. Ils ne le peuvent pas. Les motifs de l'article 444 n'existent pas pour eux. Leurs sûretés ne sont pas diminuées comme celles des créanciers chirographaires. Ils conservent leur gage spécial, leur droit de préférence. De plus, si la loi les excepte de la défense d'exercer des poursuites individuelles, c'est parce qu'ils sont en quelque sorte en dehors de la faillite, parce qu'au moment même où ils ont contracté ils ont été mis à l'abri par leur convention même ou par la faveur de la loi. En un mot, ils ne sont pas soumis à la défense de l'article 443, parce que le jugement déclaratif de faillite se passe en quelque sorte en dehors d'eux, et on prétend les faire bénéficier de l'exigibilité résultant, aux termes de l'article 444, de ce même jugement déclaratif. Le premier système retourne contre la masse une disposition de la loi qui n'existe que dans son intérêt, car les créanciers hypothécaires, etc., viendraient, en exerçant leurs poursuites, troubler l'action des syndics. Cela est inadmissible. L'exigibilité est une mesure prise pour la masse; ils ne peuvent donc l'invoquer du moment qu'ils prétendent rester en dehors de cette masse pour exer-

1. Bordeaux, 4 juin 1832. Angers, 15 mai 1861. Agen, 20 février 1806.

cer des poursuites. S'ils veulent profiter du privilége de l'exigibilité posé dans l'article 444, il faut qu'ils renoncent aux sûretés spéciales qui leur appartiennent et qu'ils produisent comme simples chirographaires.

Le premier système, dit-on encore, ne tient pas compte de la différence qui existe entre l'exigibilité telle que la comprend l'article 444 et l'exigibilité d'une créance dont le terme est échu. Quand l'article 444 dit : « *Le jugement déclaratif rend exigibles les dettes non échues,* » cela signifie simplement : Le jugement déclaratif donne le droit aux créanciers du failli, dont les créances ne sont pas échues, de prendre part tout de même aux opérations de la faillite, de produire leurs titres et de recevoir des dividendes quand il y a une répartition. — Or, partir des termes de l'article 444 pour donner aux créanciers hypothécaires le droit d'exécuter leur gage, c'est absolument méconnaître le sens particulier et restreint de l'exigibilité dont il s'agit dans cet article.

Un arrêt a été rendu en ce sens par la cour de Paris le 12 décembre 1861. Ce système est d'ailleurs adopté par un certain nombre d'auteurs.

Rappelons que comme nous avons admis que le droit d'exercer des poursuites n'appartenait pas aux créanciers privilégiés sur les meubles, la doctrine que nous venons d'exposer en la supposant fondée ne leur serait pas applicable.

Quant au propriétaire des lieux servant au commerce du failli, ses droits sont régis par des dispositions spéciales que nous allons étudier.

## SECTION III.

##### DES DROITS DU PROPRIÉTAIRE DES IMMEUBLES AFFECTÉS A L'INDUSTRIE OU AU COMMERCE DU FAILLI ET DES LOCAUX DÉPENDANT DE CES IMMEUBLES ET SERVANT A L'HABITATION DU FAILLI ET DE SA FAMILLE.

Nous avons déjà eu à parler dans le cours de notre travail du propriétaire des lieux servant au commerce du failli, à l'occasion du délai pendant lequel son droit de poursuite est suspendu, et nous avons cité à ce sujet la loi de février 1872. Nous avons maintenant à étudier spécialement les conditions d'exercice et l'étendue du privilége de ce créancier, ainsi que les modifications importantes que la loi de 1872 a fait subir à ce privilége.

Plaçons-nous d'abord à l'époque antérieure à la loi de 1872.

L'article 2102 C. N. accorde au bailleur un privilége sur le prix de tout ce qui garnit la maison louée[1] pour les loyers, les réparations loca-

---

1. Quand le bail est fait à un commerçant le privilége porte sur les marchandises qui se trouvent en magasin. Toutefois le bailleur ne peut critiquer les ventes que fait le locataire, alors que ces ventes constituent l'exercice régulier de son commerce et qu'il y a remplacement; car les marchandises étaient naturellement destinées à être vendues, et le bailleur le savait.

tives, et, en général, tout ce qui concerne l'exécution du bail. Ce privilége existe pour tout ce qui est échu et pour tout ce qui est à échoir si le bail a date certaine; et, dans le cas contraire, (qui doit se présenter rarement depuis la loi du 23 août 1871 qui exige que tous les baux soient enregistrés) pour une année à partir de l'expiration de l'année courante. — Comme on le voit, il y a une restriction dans ce second cas pour les loyers à échoir[1].

Ainsi, si le bail a date certaine, le privilége garantit les loyers échus et tous les loyers à échoir; par conséquent, s'il y a lieu de l'exercer, si les objets qui garnissent les lieux loués sont saisis et vendus par exemple par les créanciers du locataire, le bailleur pourra se faire colloquer sur le prix provenant de la vente de ces objets pour tous ses loyers jusqu'à la fin de son bail.

Cet article 2102 dont nous venons de donner l'économie était général et s'appliquait en matière de faillite. Ainsi dans le cas où le bail avait date certaine, pour tous les loyers échus, le bailleur avait le droit d'exercer des poursuites individuelles sur les meubles garnissant les lieux. Mais pour l'avenir pouvait-il invoquer la déchéance du terme comme résultant de plein droit du jugement dé-

---

[1]. Quant aux loyers échus, la question est controversée. La jurisprudence admet que le privilége garantit tous les loyers échus et qu'il n'est restreint que pour l'avenir.

claratif et se faire payer par privilége tous les termes à venir ?

La Cour de cassation admettait sous l'empire du Code de commerce et du Code civil que la dette du preneur était une dette à terme ; partant de cette idée, elle décidait que si le preneur tombait en faillite, il perdait immédiatement le bénéfice du terme, et que, par suite, tous les loyers à échoir devenaient exigibles. En conséquence, elle permettait au bailleur, dans le cas où le montant intégral de tous les termes échus et à échoir n'était pas payé ou consigné, d'exercer le privilége de l'article 2102 1°, ou d'exiger pour le temps dont les loyers ne lui auraient pas été payés ou assurés la résiliation du bail conformément à l'article 1184 C. N.

On comprend facilement que ce système présentait le grave inconvénient de grever démesurément la faillite au préjudice des autres créanciers et d'empêcher le concordat. Ce résultat était d'autant plus regrettable qu'ordinairement les commerçants font relativement aux immeubles qui doivent servir à leur profession des baux de très-longue durée ; de telle sorte que bien souvent les valeurs les plus importantes de l'actif du failli, c'est-à-dire le prix des marchandises garnissant les lieux loués étaient attribuées au bailleur ce qui diminuait singulièrement le dividende des autres créanciers quand il n'était pas réduit à néant[1].

1. Dans la faillite du factage parisien, si l'on avait eu de

Exposer un tel système, c'est assez montrer combien il était désastreux. — Mais recherchons s'il n'était pas au moins commandé par les principes et si la nouvelle loi, pour arriver à un résultat plus satisfaisant, a été obligée de déroger aux principes du Code de commerce ou si elle n'a fait que les consacrer en combattant le système de la Cour de cassation.

Disons d'abord que même avant cette réforme, et sous l'empire de l'article 2102 C. N., la solution de la Cour suprême était loin d'être admise sans controverse en doctrine et même en jurisprudence. — D'abord on n'était pas d'accord sur la nature de la dette du preneur. Exposons les deux systèmes qui existaient sur ce point :

1<sup>er</sup> *système*. Le bailleur est créancier sous condition suspensive. La créance du locateur n'existe qu'à la condition que le preneur sera maintenu en jouissance des lieux loués; or, il peut se faire que cette jouissance n'ait pas lieu jusqu'à la fin du bail. Donc il est impossible d'obliger les créanciers de la masse à laisser payer un créancier dont les droits n'existeront peut-être jamais.

2<sup>e</sup> *système*. La dette du preneur est une dette à terme. Dès le moment du contrat; la créance du

---

quoi payer le propriétaire, pour un loyer de 55000 francs par an, ayant encore plus de vingt-cinq ans à courir, il aurait touché 1 500 000 francs, et en les plaçant à 5 pour 100, il aurait obtenu un revenu actuel de 75000 francs, tout en rentrant à l'expiration du bail dans la jouissance de son immeuble. (V. M. Boistel, Précis de droit commercial, p. 652.)

locateur existe; il y a pour lui droit acquis. Il est vrai que s'il ne procure pas à son locataire la jouissance des lieux loués jusqu'au bout, celui-ci sera déchargé d'une portion des loyers proportionnelle au temps pendant lequel il aura été privé de cette jouissance. Mais il en est de même dans tous les contrats synallagmatiques où la condition résolutoire est toujours sous-entendue aux termes de l'article 1184 pour le cas où l'une des deux parties ne satisfera pas à son engagement. — Le plus souvent, à la vérité, le prix du bail se paye par portions à certaines époques déterminées. Mais il pourrait aussi être payé en une seule fois; et, dans ce cas, il n'y aurait pas de payement de l'indu, le locataire ne pourrait pas demander le remboursement de la somme par lui versée en prétendant que sa dette ne prendra peut-être jamais naissance.

Nous nous rallions à cette dernière opinion, qui, du reste, est celle qui a été formellement adoptée par le législateur de 1872[1]. Telle était aussi l'opinion de la Cour de cassation, nous l'avons dit[2]; nous avons vu aussi quelles conséquences elle tirait de cette dernière doctrine relativement à l'étendue du privilége du bailleur, conséquences qui étaient désastreuses pour la masse.

Voici du reste les principaux considérants d'un

---

1. V. le rapport de M. Delsol.
2. Rej., 13 juillet 1868. Cass., 16 février 1870.

arrêt de la cour de cassation rendu sur cette question le 28 mars 1865 :

« ....Vu les articles 2102 du Code Napoléon et 444 du Code de commerce ;

« Attendu que d'après l'article 1188 C. N. le débiteur ne peut réclamer en cas de faillite le bénéfice du terme ;

« Que l'article 444 C. C. d'accord avec ce principe dispose que le jugement déclaratif de faillite rend exigibles à l'égard du failli les dettes du failli non-échues ;

« Qu'il résulte de ces textes que le propriétaire bailleur a le droit d'exiger de son locataire failli tous les loyers échus et à échoir ;

« Que c'est ce que décide expressément l'article 2102, n° 1, C. N. qui n'est qu'un corollaire des articles 1188 et 444 précités ;

« Que si le propriétaire bailleur n'est pas payé de tous ses loyers il a le droit de se prévaloir du privilége constitué par l'article 2102 ou de demander la résiliation du contrat conformément à l'article 1184 C. N. etc.... »

Cette doctrine, nous l'avons dit, soulevait depuis longtemps de vives réclamations, et comme la jurisprudence continuait néanmoins à interpréter la loi dans le même sens, une réforme législative devenait nécessaire pour donner satisfaction aux intérêts du commerce. Le 26 décembre 1868, le Corps législatif fut saisi d'un projet de loi sur lequel M. Bournat présenta un rapport le 20 mars

1869. Ce projet n'ayant pas abouti à cette époque, il reparut de nouveau le 10 janvier 1870, sans qu'aucun résultat définitif fût encore obtenu. Enfin, une proposition dans le même sens fut faite à l'Assemblée nationale, le 7 avril 1871, par M. Courbet-Poulart, et sur le rapport de M. Delsol l'Assemblée vota, le 12 février 1872, la nouvelle loi modificative des articles 450 et 550 du Code de commerce, dont nous avons déjà eu à parler dans le chapitre précédent.

Relativement à la question que nous traitons ici, cette loi admet en principe que la faillite ne rend pas exigibles les loyers à échoir. Elle a donc le mérite de satisfaire aux considérations pratiques que nous avons exposées, et de concilier les droits du bailleur et les intérêts de la masse.

De plus, comme nous allons le voir, le privilége du bailleur se trouve encore restreint en cas de faillite, même en ce qui concerne les loyers échus.

Voici les dispositions du nouvel article 550 :

« *L'article 2102 du Code civil est ainsi modifié à l'égard de la faillite : Si le bail est résilié, le propriétaire d'immeubles affectés à l'industrie ou au commerce du failli, aura privilége pour les deux dernières années de location échues avant le jugement déclaratif de faillite, pour l'année courante, pour tout ce qui concerne l'exécution du bail, et pour les dommages-intérêts qui pourront lui être alloués par les tribunaux.* »

Il est logique, dans ce cas, que le privilége ne

porte pas sur les loyers à venir; puisque du jour de la résiliation, le bail n'existe plus à proprement parler, et que, par conséquent, le propriétaire n'a plus de droit aux loyers ni le locataire à la jouissance des biens. Remarquons qu'en ce qui concerne les loyers échus, le privilége est considérablement restreint; car aux termes de l'article 2102, il garantit tous les loyers échus, et ici, seulement ceux de deux années. Le rapport de M. Delsol explique ainsi cette limitation :

« D'une part, le bailleur qui par faiblesse ou par négligence laisse s'accumuler indéfiniment les loyers impayés, rend un très-mauvais service à son locataire, dont la faillite sera d'autant plus désastreuse qu'elle aura existé depuis plus longtemps à l'état latent. D'autre part, les créanciers du locataire doivent penser que leur débiteur paye régulièrement ses loyers; il ne faut pas qu'ils soient victimes d'un privilége trop étendu s'appliquant à une créance qu'ils croyaient éteinte[1]. »

Les deux années doivent se compter depuis la date anniversaire du commencement du bail (à ce nous apprend le rapport de M. Delsol).

Passons maintenant au cas où le bail n'est pas

---

[1]. On peut rapporter à la même idée l'article 549 du Code de commerce qui restreint à un mois le privilége des ouvriers en cas de faillite (V. 2101, C. N., n° 4). — On peut également rapprocher la décision de la nouvelle loi, relativement aux loyers échus, dans le cas où le bail est résilié, de celle de l'article 2151 du Code civil qui limite à deux années les garanties hypothécaires du créancier d'une somme d'argent, en ce qui concerne les intérêts.

résilié[1]. Deux hypothèses peuvent se présenter :

1° Les sûretés qui ont été données au bailleur lors du contrat sont maintenues, ou il lui en a été fourni de nouvelles depuis la faillite. Le bailleur alors une fois payé de tous les loyers échus ne peut exiger le payement des loyers en cours ou à échoir ;

2° Ces sûretés ne sont pas maintenues. Il y a vente et enlèvement des meubles qui garnissent les lieux loués. Alors, comme il y a diminution des sûretés données au bailleur par le contrat, les loyers à échoir deviennent exigibles. Mais il est à remarquer qu'ils ne le deviennent pas de plein droit par le fait de la faillite. Néanmoins, le nouvel article 550 déroge ici aux principes, car il déclare que le bailleur « *pourra exercer son privilége comme au cas de résiliation ci-dessus, et en outre, pour une année à échoir à partir de l'expiration de l'année courante.* »

---

1. Voici sur ce point le texte du nouvel article :

« .... *Au cas de non-résiliation, le bailleur, une fois payé de tous les loyers échus, ne pourra pas exiger le payement des loyers en cours ou à échoir, si les sûretés qui lui ont été données lors du contrat sont maintenues, ou si celles qui lui ont été fournies depuis la faillite sont jugées suffisantes. — Lorsqu'il y aura vente et enlèvement des meubles garnissant les lieux loués, le bailleur pourra exercer son privilége comme au cas de résiliation ci-dessus, et, en outre, pour une année à échoir à partir de l'expiration de l'année courante, que le bail ait ou non date certaine.* »

Nous disons que le législateur déroge ici aux principes. En effet, le rapporteur, M. Delsol, adopte au nom de la commission, nous l'avons vu, l'opinion qui consiste à faire du bailleur un créancier à terme; ses sûretés étant diminuées, sa créance devrait donc devenir exigible en entier. Aussi la solution que nous venons d'exposer n'est-elle qu'une transaction entre les droits réguliers du bailleur et l'intérêt de la masse. On avait proposé, dans la discussion de la loi, de supprimer tout à fait le privilége du bailleur pour les années à venir. Mais cette proposition fut repoussée par cette considération que, dans l'intérêt même du commerce, il ne fallait pas restreindre trop les garanties du propriétaire.

Remarquons que l'article 550 ne fait pas de distinction entre les baux sans date certaine et les baux avec date certaine; il dit même formellement à la fin du troisième alinéa : « *que le bail ait ou non date certaine.* » Nous avons vu d'ailleurs qu'aujourd'hui ce second cas ne devait se présenter que rarement.

Le dernier alinéa du nouvel article 550 est ainsi conçu : « *Les syndics peuvent continuer ou céder le bail pour tout le temps restant à courir, à la charge par eux ou leurs cessionnaires de maintenir dans l'immeuble gage suffisant, et d'exécuter au fur et à mesure des échéances toutes les obligations résultant du droit ou de la convention, mais sans que la destination des lieux loués puisse être changée. Dans le cas où le bail contiendrait interdiction de céder le bail ou de sous-louer, les créanciers ne pourront faire leur profit de la location que pour le temps à raison duquel le bailleur aurait touché ses loyers par anticipation, et toujours sans que la destination des lieux puisse être changée.* »

Enfin l'article 2 de la loi de 1872 déclare que cette loi *ne s'applique pas aux baux qui, avant sa promulgation, auront acquis date certaine.* Toutefois, ajoute cet article, le propriétaire qui en vertu des dits baux a privilège pour tout ce qui est échu et pour tout ce qui est à échoir ne pourra exiger, par anticipation, les loyers à échoir s'il lui est donné des sûretés suffisantes pour en garantir le payement.

## SECTION IV.

Des coobligés et des cautions du failli. — Du cas spécial de faillite de l'un des signataires d'une lettre de change ou du souscripteur d'un billet a ordre.

Il peut se faire que le failli ait des coobligés solidaires et des cautions. Ces personnes perdront-elles le bénéfice du terme par l'effet du jugement déclaratif comme le failli lui-même.

Occupons-nous en premier lieu des codébiteurs solidaires.

Leur dette ne devient pas exigible. En effet aux

termes de l'article 444, le jugement déclaratif rend les dettes exigibles « *à l'égard du failli.* » Ces derniers mots ont été ajoutés par le législateur de 1838 uniquement pour faire cesser des incertitudes qui s'étaient montrées dans certaines décisions judiciaires, et sans lesquelles ils eussent été inutiles, car la décision qu'ils consacrent est commandée par les principes généraux et par les règles particulières aux faillites. En effet, ces codébiteurs du failli étant obligés à terme, leur obligation doit rester la même tant qu'ils n'encourront pas par un fait personnel la déchéance du terme, et ils ne peuvent être tenus d'une obligation plus étroite par le fait de l'un d'eux. La solidarité n'est stipulée que pour assurer le payement en cas d'insolvabilité ou de faillite de l'un des obligés; donc, quand l'un de ces faits se produit, il ne peut donner au créancier aucun droit nouveau[1]. De plus l'exigibilité des dettes du failli n'a été établie que pour faciliter la liquidation de son actif : or les coobligés n'étant pas en faillite eux mêmes ne peuvent avoir à subir de liquidation forcée.

Cette situation des codébiteurs conservant le bénéfice du terme tandis que l'un d'eux le perd par l'effet de sa faillite n'a d'ailleurs rien qui doive nous étonner. En effet, la solidarité ne fait pas obstacle à ce que les codébiteurs solidaires soient obligés sous des modalités différentes ou à des

1. Bordeaux, 10 mars 1854.

termes distincts, car si tous doivent la même chose, s'il y a unité d'objet, il y a néanmoins pluralité de dettes [1].

Les mêmes principes s'appliquent à la caution du failli. Le créancier ne peut réclamer d'elle le payement de la dette. En effet, elle n'a peut-être consenti à s'obliger qu'en considération du terme.

Il y a plus. La caution pourra se présenter à la faillite si le créancier ne s'y présente pas lui-même et prendre part aux opérations pour se faire indemniser. (Art. 2032.) On explique ainsi cette disposition de la loi : dès le jour de la faillite du débiteur principal, il devient certain pour la caution qu'elle sera forcée de payer la dette de celui-ci à l'échéance et qu'elle aura un recours à exercer. En un mot elle devient créancière à terme du failli.

Cela ne nous paraît pas exact. Il n'est pas toujours certain dès le jugement déclaratif de faillite, que la caution sera obligée de payer la dette du failli à l'échéance. Il peut se faire (quoiqu'il n'en soit pas ainsi habituellement) que le failli ne soit pas insolvable, et qu'il fasse dans l'intervalle du jugement déclaratif à l'échéance de la dette en question, des recouvrements suffisants pour désintéresser intégralement tous ses créanciers; ou même en le supposant insolvable au moment du jugement déclaratif, ne peut-il pas revenir à une

1. V. art. 1201, C. n. Rapp., Inst. de Justinien, liv. III, t. XVI, § 2.

meilleure fortune avant que la dette garantie par sa caution soit échue? Il n'est donc pas juste de dire que la caution devient créancière à terme. Elle reste créancière conditionnelle du débiteur principal, et, par conséquent, en s'en tenant à la rigueur des principes on devrait dire que cette créance de la caution contre le failli ne devient pas exigible par l'effet du jugement déclaratif. Aussi préférons-nous ne voir dans la disposition de l'article 2032, qu'une faveur qui s'explique par le désir bien naturel chez le législateur de protéger les cautions qui rendent de si grands services en procurant aux débiteurs un crédit qu'ils n'auraient pas sans elles.

Si c'est la caution qui tombe en faillite, le créancier aura le droit d'en exiger une nouvelle de son débiteur, à moins que la première n'ait été donnée en vertu d'une convention par laquelle le créancier a exigé une telle personne pour caution. (V. 2020, C. N.)

Il ne nous reste plus maintenant qu'à expliquer le deuxième alinéa de l'article 444, lequel est ainsi conçu : « En cas de faillite du souscripteur d'un billet à ordre, de l'accepteur d'une lettre de change ou du tireur à défaut d'acceptation, les autres obligés seront tenus de donner caution pour le payement à l'échéance s'ils n'aiment mieux payer immédiatement. »

Ce deuxième alinéa règle, comme on le voit, les droits du porteur d'une lettre de change ou d'un billet à ordre dans le cas de faillite de l'un des signataires.

Voyons d'abord en ce qui concerne la lettre de change, ce qui se passe dans le cas de faillite :

1° *Du tiré;*

2° *Du tireur;*

3° *De l'un des endosseurs;*

*Premier cas. C'est le tiré qui est tombé en faillite.* — Deux hypothèses peuvent se présenter.

A. Il a été déclaré en faillite avant d'avoir accepté la lettre de change. L'article 444 ne mentionne pas cette hypothèse. Mais elle est résolue par les règles posées au titre de *la lettre de change*, dans les articles 118 et 120.

En effet, aux termes de l'article 118, le tireur et les endosseurs d'une lettre de change sont garants solidaires de l'acceptation et du payement à l'échéance, et, en vertu de l'article 120, sur la notification du protêt faute d'acceptation, ils sont respectivement tenus de donner caution pour le payement de la lettre à l'échéance, ou d'en effectuer le remboursement avec les frais de protêt et de rechange. Le tireur n'a donc qu'à demander l'acceptation; comme elle ne peut plus être faite par le failli, qui est dessaisi de l'administration de ses biens, il fera protêt et on appliquera l'article 120.

B. Il avait accepté avant d'être déclaré en faillite. Il semble au premier abord qu'on pourrait faire le raisonnement suivant : le tireur et les endosseurs sont uniquement tenus, aux termes de l'article 118, de procurer au porteur le payement à l'échéance. Par conséquent, avant l'échéance, ils ne peuvent être soumis à aucun recours de la part du porteur, puisque ce sont des coobligés solidaires qui continuent à jouir du bénéfice du terme, quoique l'un deux (le tiré) ait été déclaré en faillite.

Cependant l'article 444 consacre la solution contraire, car il est dit positivement, nous l'avons vu : « Les autres coobligés sont tenus de donner caution pour le payement à l'échéance, s'ils n'aiment mieux payer immédiatement. » Or cette disposition est d'accord avec celle du premier alinéa qui est ainsi conçu : « *Dans le cas de faillite de l'accepteur avant l'échéance, le porteur peut faire protester et exercer son recours.* »

2° *C'est le tireur qui est tombé en faillite.* — Dans ce cas, l'article 444 (loi de 1838) que nous étudions fait une distinction.

Le porteur ne peut exiger des autres obligés une caution ou le payement immédiat que si au moment de la faillite du tireur la lettre de change n'a pas encore été acceptée. Dans le cas contraire il n'a aucune action avant l'échéance.

3° *C'est l'un des endosseurs qui est déclaré en faillite.* — Dans ce cas, le porteur ne peut rien exiger des autres coobligés, cela ressort du texte de notre article 444, qui dit positivement que les signataires de la lettre de change seront obligés de donner caution pour le payement à l'échéance s'ils n'aiment mieux payer immédiatement « *en cas de faillite de l'accepteur ou du tireur à défaut d'acceptation.* » — Ce qui exclut a contrario le cas de faillite de l'un des endosseurs.

Les principes généraux exigeraient évidemment que le porteur pût ici exiger une caution de tous ceux qui ont signé la lettre de change postérieurement à l'endosseur failli, car ils ont cédé la signature de celui-ci; ils l'ont présentée au porteur comme une garantie.

On devrait en dire autant dans le cas de faillite du tireur sans distinguer si la lettre a été ou non acceptée [1].

Le nouvel article 444 (loi de 1838) consacre formellement les solutions contraires pour ces deux cas, comme nous venons de le voir.

Le code de 1807 (ancien article 448) admettait une doctrine diamétralement opposée, il suffisait d'après lui que l'un des signataires de la lettre de change tombât en faillite pour que le porteur pût demander la caution à tous les autres sans distinction [2].

Comme on le voit, dans le cas de faillite de

1. En effet, dans le cas de faillite du tireur après l'acceptation, M. Bravard fait observer qu'au lieu d'avoir trouvé un avantage à l'acceptation du tiré, le porteur en a perdu un, celui de pouvoir demander caution aux endosseurs.
2. Nîmes, 31 janvier 1825.

l'un des endosseurs, le code de 1807 et la nouvelle loi de 1838 sont également trop absolus. Nous allons du reste revenir sur ce point, ci-dessous, et mettre en lumière une contradiction manifeste entre deux dispositions de notre article 444.

Passons maintenant au cas de faillite du souscripteur d'un billet à ordre. — « *Le porteur pourra demander caution,* » nous dit notre article 444, « *à tous les endosseurs.* »

Cette disposition peut paraître singulière. En effet, notre article admet la même solution pour ces trois cas : faillite du souscripteur d'un billet à ordre, faillite de l'accepteur d'une lettre de change, et enfin faillite du tireur à défaut d'acceptation. — Mais la première de ces trois espèces diffère essentiellement des deux autres; en effet, le souscripteur d'un billet à ordre ne s'engage qu'à une chose, à payer à l'échéance, et les endosseurs sont garants de cette seule obligation. Quant à la lettre de change au contraire, nous savons qu'il y a de plus l'acceptation dont les endosseurs et le tireur sont garants solidaires et à défaut de laquelle ils sont tenus de donner caution ou d'effectuer le remboursement (art. 118 et 120). Donc, pour ces deux derniers cas, l'obligation imposée aux endosseurs et au tireur par l'article 444, 2ᵉ alinéa, se justifie (tout ceci sans préjudice des réserves faites plus haut). Mais comment expliquer pour le cas d'un billet à ordre que le porteur ait le droit de demander caution aux endosseurs quand le souscripteur tombe en faillite avant l'échéance? Les endosseurs sont en effet de simples coobligés solidaires. Or nous savons qu'aux termes de l'article 444, 1er al., la déchéance du terme résultant de la faillite ne se produit qu'à l'égard du failli et non pour ses coobligés. — Cette solution ne peut se justifier que par la raison que ces endosseurs ont cédé la signature du souscripteur et l'ont ainsi garantie. — Soit, mais alors pourquoi notre article n'admet il pas la même solution, dans le cas où, après l'acceptation du tiré, le tireur d'une lettre de change tombe en faillite? Les endosseurs de la lettre de change ont aussi cédé la signature du tireur. — Telle est la contradiction que nous avons annoncée plus haut.

Évidemment il y a là un manque de logique. Néanmoins on a justifié les dispositions de notre article par les considérations suivantes : quand c'est précisément celui qui devait acquitter l'effet de commerce (le souscripteur du billet à ordre, l'accepteur d'une lettre de change, le tireur en cas de non-acceptation), qui est tombé en faillite, il devient certain que le payement ne sera pas effectué à l'échéance et qu'il convient alors de contraindre les autres obligés à rembourser ou à donner caution. Il n'en est pas de même lorsque celui qui devait payer est solvable et que c'est l'un des garants du payement qui a fait faillite. En exigeant alors caution de tous les coobligés, on eût jeté la perturbation dans leurs affaires, et cela eût été très-nuisible à la circulation et au crédit des effets de commerce.

Telles sont les raisons d'intérêt pratique qui ont décidé le législateur à s'écarter des données rigoureuses de la logique.

Nous dirons, conformément à ce qui a été jugé par le Tribunal de commerce de la Seine (jugement du 4 mai 1853), que dans le cas où les co-obligés qui sont astreints par notre article 444, 2° al., à donner caution ou à payer immédiatement préfèrent prendre ce dernier parti, on ne devra pas déduire les intérêts de la somme ainsi payée par anticipation.

# CHAPITRE IV.
### CESSATION DU COURS DES INTÉRÊTS.

L'article 445, 1er al., nous apprend que le jugement déclaratif de faillite arrête à l'égard de la masse seulement le cours des intérêts de toute créance non garantie par un privilége, par un nantissement ou par une hypothèque.

Cette disposition était nécessaire pour assurer entre les créanciers le maintien de cette égalité de condition que la loi a voulu établir en matière de faillite. En effet, si le cours des intérêts n'était pas suspendu, comme il s'écoule toujours un temps assez long avant que les dividendes puissent être touchés, en supposant que certains créanciers aient stipulé des intérêts, et que d'autres n'en aient pas stipulé, les intérêts finiraient par absorber une partie de l'actif déjà insuffisant pour payer le capital, au grand préjudice des petits créanciers et de ceux dont les créances ne portent pas intérêts.

Ce n'est d'ailleurs qu'à l'égard de la masse que les intérêts sont suspendus ; ils sont toujours dus soit par le failli, s'il veut plus tard obtenir sa réhabilitation, soit par ses coobligés.

Le point de départ de la suspension du cours des intérêts date, comme nous l'indique notre article, du jour du dessaisissement, par conséquent du jour du jugement déclaratif, tandis que le c. de de 1807, qui faisait dater le dessaisissement du jour de la cessation de payements, assignait le même point de départ à la cessation du cours des intérêts. — Concluons de cette observation qu'aujourd'hui le créancier peut, en produisant à la faillite, ajouter au capital de sa créance, le montant des intérêts courus jusqu'au jour du jugement.

Si les intérêts avaient été payés d'avance à un créancier, la masse ne pourrait le forcer à les restituer. La loi ne lui donne pas ce droit.

Lors de la discussion de la loi de 1838, on avait posé la question suivante : Un commerçant est tenu envers une personne d'une dette productive d'intérêts ; il souscrit au profit de son créancier une lettre de change, payable à un certain délai, et dont le montant comprend, outre le capital, les intérêts que celui-ci produira jusqu'à l'échéance. Puis, avant cette échéance, il tombe en faillite. Le porteur sera-t-il obligé, en produisant à la faillite, de déduire du montant de la lettre les intérêts qui restaient à courir jusqu'au jour du jugement déclaratif? — La négative prévalut, et avec raison, selon nous. En effet, une telle lettre de change ne révèle en rien, par sa teneur, la distinction entre le capital et les intérêts qu'y sont compris. Dès lors, quelles difficultés le système contraire ne soulèverait-il pas dans la pratique, relativement à la preuve? De plus, celui qui sera, au moment de la faillite, porteur de la lettre, sera le plus souvent non pas le preneur originaire, mais un cessionnaire qui, ne connaissant pas les détails de l'arrangement intervenu entre le tireur et son créancier, a dû considérer le montant de la lettre comme un capital. Il serait donc injuste de lui faire souffrir une diminution. — Il en serait autrement si la lettre donnait par elle-même, au moyen d'une mention spéciale, la preuve que les intérêts s'y trouvaient compris.

L'application du principe que nous étudions rencontre une sérieuse difficulté, quand il s'agit d'une créance qui ne porte que sur des intérêts, ce qui peut se présenter lorsque le failli est débiteur d'une rente ou bien encore lorsqu'il s'est obligé solidairement au payement des intérêts d'une somme due par un tiers. Refuser au crédit-rentier ou au prêteur le droit de réclamer les arrérages ou intérêts postérieurs au jugement déclaratif, cela paraît bien dur. Aussi nous nous rallierons au système adopté par un arrêt de la cour de Bordeaux du 26 mars 1841. Cet arrêt admet, pour le cas d'une rente, qu'on doit en reconstituer fictivement le capital et calculer quel doit être le dividende donné par la faillite. Le crédit rentier recevra alors soit les arrérages proportionnels de ce capital ainsi réduit, soit ce dividende lui-même.

Le principe de la cessation du cours des intérêts reçoit exception à l'égard des créanciers hypothécaires, privilégiés et nantis; l'article 445 nous le dit. Cela se comprend car les motifs de cette disposition n'existant pas pour ces créanciers, ils ont droit au payement intégral de leur créance et non à un dividende. Le principe d'égalité n'existe pas quant à eux, puisqu'ils ont des causes légitimes de préférence. Observons toutefois que l'exception faite en leur faveur par l'article 445 doit se combiner avec les règles du Code civil. Nous devons donc appliquer les dispositions des articles 2148 4° et 2151, lesquels sont ainsi conçus :

*Article* 2148 4°. — « *Le créancier qui requiert du conservateur une inscription hypothécaire doit mentionner sur le bordereau qu'il est obligé de présenter :.... 4°.... le montant des accessoires de ces capitaux et l'époque de l'exigibilité.* »

*Article* 2151. — « *Le créancier inscrit pour un capital produisant intérêt ou arrérage a le droit d'être colloqué pour deux années seulement et pour l'année courante au même rang d'hypothèque que pour son capital: sans préjudice d'inscriptions particulières, à prendre, portant hypothèque à compter de leur date pour les arrérages autres que ceux conservés par la première inscription.* »

Ici nous rencontrons une difficulté. L'article 448 nous apprend que les inscriptions ne sont plus possibles après le jugement déclaratif de faillite. Or le créancier à qui l'on doit plus de trois années d'intérêts (deux années, plus l'année courante) est tenu de prendre de nouvelles inscriptions, portant hypothèque à compter de leur date, pour les intérêts autres que ceux conservés par la première inscription.

Or, supposons un créancier hypothécaire à qui il est dû plus de trois années d'intérêts à l'époque du jugement déclaratif de faillite. Son inscription primitive pour le capital ne garantira que deux années, plus l'année courante, les intérêts des autres années échappent à son hypothèque. Peut-il, nonobstant le jugement déclaratif, prendre des inscriptions pour les années qui lui sont dues ? — En d'autres termes, la règle de l'article 448 C. c. s'applique-t-elle seulement aux inscriptions de créances principales, constituant un droit nouveau, ou bien fait-elle obstacle d'une façon absolue à ce qu'un créancier déjà inscrit pour son capital prenne une nouvelle inscription pour les intérêts de sa créance non garantis par l'inscription primitive?

Un jugement du tribunal de commerce de Marseille avait décidé dans ce sens en se fondant sur la généralité des termes de l'article 448 1er al., qui ne fait pas de distinction, et sur ce que la faculté accordée au créancier par l'article 2151 de prendre de nouvelles inscriptions pour les intérêts au fur et à mesure de leur échéance devait être subordonnée à la condition d'être exercée en temps utile, c'est-à-dire dans l'espèce avant le jugement déclaratif. — Ce jugement fut infirmé par la Cour d'Aix (arrêt du 22 juin 1847), et cette décision fut confirmée par la Cour de cassation (arrêt de la Chambre des requêtes du 20 février 1850, rejetant le pourvoi formé contre l'arrêt de la Cour d'Aix.

Ainsi, aux termes de ces deux arrêts, l'article 2151 consacre, pour le créancier, un droit auquel il n'est point porté atteinte par la faillite, et l'articel 448 C. c. ne déroge pas à cet article 2151[1]. Cela est confirmé par l'article 445 C. c., d'après lequel les intérêts d'une créance garantie par une hypothèque qui continuent à courir, même à l'égard de la masse, postérieurement au jugement déclaratif de faillite *« ne peuvent être réclamés que sur les sommes provenant des biens affectés à l'hypothèque. »*

Malgré les critiques qui ont été dirigées contre cette décision, nous n'hésitons pas à l'adopter, parce qu'elle nous paraît conforme à l'esprit de la oi. De plus, le système contraire rendrait le droit accordé aux créanciers hypothécaires par l'article 445 à peu près illusoire.

Voici, du reste, les termes de l'arrêt de la Cour de cassation cité plus haut :

« Attendu que l'article 2151 permet au créan-
« cier hypothécaire inscrit pour un capital pro-
« ductif d'intérêts de prendre des inscriptions
« particulières à compter de leur date pour les
« arrérages qui ne sont pas conservés par la pre-
« mière inscription ;

1. V. Paul Pont, Priv. et hypoth., t. II, n° 889.

« Attendu que la faillite du débiteur, survenue de-
« puis l'inscription, ne porte pas atteinte à ce droit ;

« Qu'il est, au contraire, confirmé par l'article
« 445 du Code de commerce, qui, en supposant
« que des annuités échues postérieurement au
« jugement déclaratif peuvent être colloquées
« par préférence, admet qu'on peut les inscrire
« après le jugement déclaratif;

« Que le principe de l'article 448, 1er al., ne
« s'applique qu'aux créances principales, consti-
« tuant un droit nouveau, et ne concerne pas les
« intérêts de celles précédemment inscrites, inté-
« rêts qui ne sont, en somme, que les conséquen-
« ces de ces créances, etc.... Par ces motifs.... »

Étudions maintenant la disposition contenue dans le deuxième alinéa de l'article 445 que nous avons déjà eu l'occasion de citer : « *les intérêts
« des créances garanties ne peuvent être récla-
« més que sur les sommes provenant des biens
« affectés au privilége, à l'hypothèque ou au
« nantissement.* »

Cette disposition a soulevé la difficulté suivante : Dans le cas où le prix d'un immeuble hypothéqué à plusieurs créanciers est insuffisant pour les désintéresser tous intégralement, le dernier inscrit, qui ne reçoit qu'une partie de ce qui lui est dû, peut-il imputer ce qu'il reçoit d'abord sur les intérêts de sa créance de façon à pouvoir venir ensuite dans la masse chirographaire pour une portion plus forte du capital ?

Expliquons-nous : trois créanciers hypothécaires sont inscrits sur un immeuble. La créance du premier, capital et intérêts compris, s'élève à 11 000 francs ; celle du second à 22 000 francs ; celle du troisième à 33 000. L'immeuble est vendu 50 000 francs. Le troisième créancier inscrit ne touche donc que 17 000 francs. Il lui restera dû en tout 16 000 francs. Or, s'il impute sur les 17 000 francs touchés les 3000 francs d'intérêts, il pourra produire à la masse pour les 16 000 francs. Si au contraire nous ne lui accordons pas le droit de faire cette imputation, comme ses 3000 francs d'intérêts ne peuvent être payés que sur les biens hypothéqués, il ne pourra produire à la masse que pour 13 000 francs.

La question est controversée, et la jurisprudence a varié sur ce point.

Le créancier hypothécaire, qui n'est pas intégralement désintéressé par le prix de l'immeuble qui garantissait sa créance, peut faire cette imputation. — En effet, aux termes de l'article 1254 du code civil : « *le payement fait sur le capital et intérêts, mais qui n'est pas intégral, s'impute d'abord sur les intérêts.* » — En autorisant le créancier à imputer d'abord sur ce qu'il reçoit les intérêts de sa créance, nous obéissons donc à l'article 1254 et, de plus, nous ne violons pas l'article 445, car la masse ne supportera qu'une part du capital et non des intérêts.

Mais, a-t-on dit, décider ainsi c'est violer l'article 445 qui n'entend favoriser les créanciers hypothécaires qu'avec le prix des biens qui garantissent spécialement leurs créances, car on fait ainsi indirectement supporter à la masse chirographaire les intérêts dont la loi l'affranchit[1].

On a fait à cette objection une réponse qui nous a paru décisive en faveur du système que nous adoptons. L'article 445, deuxième alinéa, a-t-on dit, ne fait pas obstacle à ce que le payement des intérêts aux créanciers hypothécaires préjudicie indirectement à la masse. Le premier créancier inscrit, par exemple, s'il se fait payer 1000 francs d'intérêts, diminue d'autant la somme qui restera libre après le payement des créanciers hypothécaires et qui sera versée dans la masse chirographaire. Or, si la valeur de l'immeuble est absorbée par les hypothèques, il augmente d'autant le capital non soldé pour lequel les derniers inscrits figureront dans la masse chirographaire. Il est donc impossible que le créancier hypothécaire, en se faisant payer des intérêts, ne nuise pas indirectement à la masse chirographaire. Pourquoi se préoccuper de ce résultat à l'égard du dernier en rang, tandis qu'on ne s'en préoccuperait pas pour les autres[2]?

1. Lyon, 30 août 1861. — Cass., 17 novembre 1862.
2. V. Rej, 26 décembre 1871. — M. Boistel, Précis de droit commercial, p. 161.

# CHAPITRE V.

CRÉATION AU PROFIT DE LA MASSE
D'UNE HYPOTHÈQUE SUR LES IMMEUBLES DU FAILLI.

Le jugement déclaratif confère à la masse des créanciers une hypothèque sur les immeubles d'un failli. — Cette disposition n'est pas écrite expressément dans la loi, mais elle résulte des termes de l'article 490, troisième alinéa, et de l'article 517, qui sont ainsi conçus :

*Article 490, troisième alinéa* : *Ils (les syndics)*
« *seront tenus aussi de prendre inscription au*
« *nom de la masse des créanciers sur les immeu-*
« *bles du failli dont ils connaissent l'existence.*
« *L'inscription sera reçue sur un simple borde-*
« *reau énonçant qu'il y a faillite et relatant la*
« *date du jugement par lequel ils auront été*
« *nommés.* »

*Article 517* : « *L'homologation conservera à*
« *chacun des créanciers sur les immeubles du*
« *failli l'hypothèque inscrite en vertu du 3ᵉ ali-*
« *néa de l'article 490. A cet effet, les syn-*
« *dics feront inscrire aux hypothèques le juge-*
« *ment d'homologation, à moins qu'il n'en ait*
« *été décidé autrement par le concordat.* »

Nous rencontrons ici une question controversée. S'agit-il dans l'article 490 d'une véritable hypothèque ou bien d'une simple formalité destinée à porter à la connaissance des tiers la faillite et par suite le dessaisissement?

1er *système*. Cette inscription de l'article 490 n'est pas une inscription d'hypothèque, elle n'est qu'un élément de publicité de la faillite[1]. On ne comprendrait pas bien l'utilité d'une hypothèque au profit de la masse. En effet, en quoi consiste un droit d'hypothèque? — En un droit de préférence et en un droit de suite. Or ici le droit de préférence de la masse par rapport aux créanciers postérieurs du failli existe par l'effet du dessaisissement sans qu'il soit besoin pour cela d'une hypothèque. Quant au droit de suite, il n'est pas nécessaire aux créanciers de la faillite, puisque par suite encore du dessaisissement ils peuvent faire prononcer la nullité des aliénations consenties par le failli.

De plus la disposition de l'article 517 ne saurait imprimer à l'inscription de l'article 490 le caractère d'une véritable hypothèque, car dans ce même article 517, on parle de l'inscription du jugement d'homologation nécessaire pour conserver l'hypothèque à chacun des créanciers. Or, cette inscription serait inutile si l'hypothèque était déjà inscrite aux termes de l'article 490, 3e al., puisque les inscriptions ne doivent être renouve-

---

1. Paris, 22 juin 1850. — Cass., 22 juin 1841. — Bravard, t. V, p. 309. — Pont, t. II, no 904.

lées qu'au bout de dix années. Il suffirait, dit-on, si le système contraire était fondé, de faire en marge de la première inscription une mention à l'effet d'individualiser le droit de chaque créancier.

Enfin il ne saurait être question dans l'article 490 d'une véritable hypothèque, parce que cette hypothèque ne rentrerait dans aucune des classes d'hypothèques reconnues par la loi. En effet, elle n'est pas légale, puisqu'elle ne jouit d'aucune des prérogatives attribuées par la loi aux hypothèques légales. Elle n'est pas judiciaire, puisque le jugement déclaratif de faillite ne contient pas de condamnation. Elle n'est pas non plus conventionnelle, puisque le failli ne peut pas conférer hypothèque.

2° *système.* — Nous ne saurions adopter le premier système qui, selon nous, est trop contraire au texte de la loi. Nous soutiendrons donc (et l'on paraît disposé aujourd'hui à se rallier à cette opinion), qu'il s'agit dans notre article 490 d'une véritable hypothèque.

Les termes employés par la loi et dans l'article 490 et dans l'article 517 ne peuvent, selon nous, laisser aucun doute, et aucun argument ne peut prévaloir contre eux. L'article 490 ordonne aux syndics de prendre inscription sur les immeubles, et ensuite l'article 517 emploie ces termes si formels « .... L'homologation conservera l'hypothèque inscrite en vertu du 3° alinéa de l'article 490. »

Quoi de plus clair et de plus concluant? On ne conserve que ce qui existe déjà.

Réfutons maintenant les arguments de nos adversaires.

Tout d'abord, c'est à tort que l'on conteste l'utilité de cette hypothèque en vertu de cette considération que le dessaisissement donne aux créanciers le droit de faire annuler les aliénations du failli. En effet, dans le cas où un concordat est obtenu, le dessaisissement cesse et le failli remis à la tête de ses affaires peut aliéner ses immeubles. L'hypothèque sera alors utile aux créanciers de la masse pour exercer le droit de suite contre le tiers acquéreur, car elle survit au dessaisissement; l'article 517 nous dit que l'inscription du jugement d'homologation la conserve.

Nous aurons du reste l'occasion de voir qu'en dehors du cas d'un concordat, l'hypothèque de la masse et l'inscription de l'article 490 pourront être d'une grande utilité. Citons seulement ici le cas où un créancier hypothécaire aurait (conformément au droit que nous lui avons reconnu plus haut), pris une inscription pour les arrérages de sa créance postérieurement au jugement déclaratif, cette inscription pourrait être primée par celle que les syndics auraient prise en vertu de l'article 490, 3ᵉ al.

« L'inscription de l'article 517 serait inutile si celle dont parle l'article 490 était une véritable inscription d'hypothèque, disent encore nos adversaires. Il y aurait double emploi. Il n'y a d'hypothèque qu'en vertu de l'article 517 et à partir de l'inscription ordonnée par cet article. »

Il nous sera facile de répondre : L'inscription de l'article 490 est prise au nom de la masse; celle de l'article 517 s'applique au contraire aux droits individuels des créanciers, et ce qui prouverait une fois de plus, s'il en était besoin en présence des termes si formels de ce dernier article, qu'il ne crée pas d'hypothèque nouvelle, qu'il se réfère à l'article 490 3e alin., c'est ce dernier membre de phrase : « *A moins qu'il n'en ait été décidé autrement par le concordat.* »

Ainsi cette inscription de l'article 517 n'est pas requis d'une façon impérative dans tous les cas; le concordat peut en dispenser les syndics. Il faut donc bien admettre que l'hypothèque des créanciers de la masse existe indépendamment de l'inscription requise par l'article 517 [1].

Quant au dernier argument invoqué par le premier système et consistant à dire que l'article 490 ne crée pas d'hypothèque, parce que cette hypothèque ne rentre dans aucune des catégories indiquées par le code civil, il ne nous paraît pas suffisant pour fonder une doctrine aussi contraire au texte de la loi que l'est celle de nos adversaires.

1. Rej., 29 décembre 1858. Paris, 23 avril 1861. Besançon, 16 avril 1862. Dijon, 5 août 1862. Paris, 27 mai 1865.

Cette hypothèque est légale. Elle est accordée par la loi. Peu importe qu'elle ne jouisse pas des prérogatives attachées à d'autres hypothèques légales. Elle n'est pas judiciaire, car le jugement déclaratif de faillite ne prononce aucune condamnation ; or, l'hypothèque judiciaire ne peut résulter que des jugements de condamnation ou des reconnaissances ou vérifications faites en justice des signatures apposées à un acte obligatoire sous seing privé (art. 2123 C. N.).

# CHAPITRE VI.

### INEFFICACITÉ A L'ÉGARD DE LA MASSE DES NOUVELLES INSCRIPTIONS DE PRIVILÉGES ET D'HYPOTHÈQUES.

« *Les droits d'hypotèhque et de privilége vala-
« blement acquis pourront être inscrits jusqu'au
« jour du jugement déclaratif de faillite.* »

« *Néanmoins les inscriptions prises après
« l'époque de la cessation de payements ou dans
« les dix jours qui précèdent pourront être décla-
« rées nulles s'il s'est écoulé plus de quinze jours
« entre la date de l'acte constitutif du privilége ou
« de l'hypothèque et celle de l'inscription.* »

Comme on le voit, les nullités édictées par cet article se rattachent les unes au jugement déclaratif de faillite et au dessaisissement qui en résulte, les autres à la cessation de payements. Nous ne devons étudier pour le moment que le premier alinéa, l'explication du second devant trouver place dans la seconde partie de notre travail sous la rubrique : *Des effets de la cessation de payements*. Il était nécessaire pour l'intelligence complète de ce qui va suivre, de bien établir tout d'abord cette distinction. Nous allons maintenant, avant d'entrer dans les explications que nous devons donner sur notre article 448 1$^{er}$ alinéa, donner un aperçu des dispositions qui existaient sur ce point avant la loi de 1838. Nous verrons ainsi comment certains effets qui se rattachaient autrefois à la cessation de payements ne sont plus produits aujourd'hui que par le jugement déclaratif.

L'article 2146 du code civil suivant en cela la doctrine de la déclaration de 1702 est ainsi conçu : « .... *Elles (les inscriptions) ne produisent aucun effet si elles sont prises dans le délai pendant lequel les actes faits avant l'ouverture des faillites sont déclarés nuls.* »

L'ancien article 443 du code de commerce disait d'un autre côté : « *Nul ne peut acquérir privilége ni hypothèque sur les biens du failli dans les dix jours qui précèdent l'ouverture de la faillite.* »

La loi du 11 brumaire an VII, disait aussi : « *L'inscription qui serait faite dans les dix jours avant la faillite, banqueroute ou cessation publique des paiements d'un débiteur ne confère point hypothèque.* »

Ainsi, comme on le voit, la législation antérieure à la loi de 1838, se montrait aussi sévère pour l'inscription des droits de privilége et d'hypothèque que pour l'acquisition même de ces droits. Nous verrons qu'il n'en est plus de même aujourd'hui, et qu'il y a des distinctions à faire sur ce point.

L'ancienne législation avait l'avantage de protéger très-énergiquement les créanciers chirographaires en rendant impossible toute entente entre le débiteur et le créancier hypothécaire pour tenir l'hypothèque secrète afin de conserver une apparence de crédit et ne la révéler au public qu'au dernier moment. Mais elle était illogique et parfois injuste, en ce sens qu'elle déclarait nulle sans aucune distinction l'inscription qui seule aurait pu rendre efficace une hypothèque valablement acquise dans les derniers jours où elle avait pu l'être, c'est-à-dire peu de temps avant le dixième jour précédant la cessation de payements, empêchant indirectement le créancier de profiter de son droit. Il pouvait en effet arriver qu'un créancier quoiqu'étant de très-bonne foi, quoiqu'ayant agi avec toute la diligence nécessaire n'eût pas pu par suite de cas fortuits ou de force majeure, prendre inscription plus de dix jours avant la cessation de payements.

Il n'en est pas de même aujourd'hui. Le législateur de 1838, comme nous le verrons, permet au failli de constituer valablement des hypothèques sur ses biens jusqu'au jour du jugement déclaratif, pourvu que ces hypothèques ne soient pas destinées à garantir des dettes préexistantes. Cette réforme amenait forcément l'abolition de la règle qui annulait toute inscription prise dans les dix jours précédant le jugement. Aussi le nouvel article 448 pose-t-il en principe que les inscriptions peuvent être valablement prises jusqu'au jour du jugement déclaratif, sauf une exception destinée à protéger les tiers que nous examinerons plus tard.

Nous allons maintenant entrer dans l'explication de l'article 448, 1ᵉʳ alinéa. Nous diviserons notre chapitre en quatre sections :

1° Du principe de l'article 448, 1ᵉʳ alinéa. De sa portée en général;

2° De l'inscription des hypothèques;

3° De l'inscription des priviléges;

4° De la question de savoir si l'article 448 s'applique à des actes autres que les inscriptions d'hypothèques et de priviléges.

Il est bien entendu que nous supposerons dans tout ce qui suit que les droits d'hypothèque ou de privilége sont valablement acquis; nous ne nous occupons que des inscriptions.

## SECTION I.

DU PRINCIPE DE L'ARTICLE 448, 1ᵉʳ ALINÉA, ET DE SA PORTÉE. DE L'INSCRIPTION DES HYPOTHÈQUES.

Notre article dit que les droits d'hypothèque, etc., *pourront être inscrits jusqu'au jour du jugement déclaratif*. Il faut en conclure que l'inscription ne pourrait pas avoir lieu le jour même de ce jugement. — Nous savons déjà, du reste, que le dessaisissement frappe le failli dès le commencement du jour où le jugement déclaratif est rendu, c'est-à-dire dès le minuit qui a précédé l'audience où il a été prononcé.

On admet universellement que notre article ne s'applique pas aux renouvellements d'inscriptions antérieures, fait conformément à l'article 2154 Code Napoléon, pour empêcher la péremption par le délai de dix ans; les motifs de la disposition que nous étudions n'existent pas en effet quant à ces renouvellements, puisque les tiers ont été avertis par l'inscription primitive. De plus l'idée de fraude, de collusion, ne se conçoit plus dans cette hypothèse.

Nous avons admis aussi avec la cour de Cassation que l'on pourrait, après le jugement déclaratif, prendre inscription pour garantir les intérêts d'une créance hypothécaire en dehors des deux années, dont parle l'article 2151 Code Napoléon. Mais cette solution est contestée.

Ce que nous venons de dire s'applique aux hypothèques conventionnelles. En est-il de même des hypothèques judiciaires et légales?

Le principe tiré a contrario de l'article 448, 1er alinéa, s'applique aux hypothèques judiciaires et aux hypothèques légales de l'État, des communes et des établissements publics. Cela ne peut faire difficulté. (V. l'art. 1er de la loi du 5 septembre 1807.)

Quant aux hypothèques légales des mineurs, des interdits et des femmes mariées, il n'en est plus de même. Il est évident que notre article 448 ne peut les faire tomber par ce motif qu'elles ne sont pas inscrites avant le jugement déclaratif, puisque le Code civil les a expressément dispensés d'inscription. (Art. 2135 Code Nap.)

Mais n'oublions pas que cette dispense d'inscription cesse dans certains cas, aux termes de l'article 8 de la loi du 23 mars 1855, qui a apporté aux principes du Code civil la modification suivante :

« *Article 8. — Si la veuve, le mineur devenu majeur, l'interdit relevé de l'interdiction, leurs héritiers ou ayants cause n'ont pas pris inscription dans l'année qui suit la dissolution du mariage ou la cessation de la tutelle, leur hypothèque ne date à l'égard des tiers que du jour des inscriptions prises ultérieurement.* »

Alors, relativement à la question qui nous occupe, une difficulté peut se présenter dans le cas où la faillite du mari ou du tuteur vient à éclater après la dissolution du mariage ou la cessation de la tutelle. — Deux cas sont alors à considérer, ou la faillite se produit avant l'expiration du délai d'un an, dont parle l'article 8 de la loi de 1855, ou elle ne se produit qu'après. Dans le premier cas le jugement déclaratif de faillite ne peut faire obstacle à l'inscription, car les créanciers dont il s'agit ne doivent pas être privés du délai que leur accorde la loi par un événement qui leur est tout à fait étranger, tel que la faillite du mari ou du tuteur. Il n'y a pas de négligence à leur reprocher, puisqu'en ne s'inscrivant pas plus tôt, ils n'ont fait que profiter du répit que leur accorde la loi. Ils peuvent donc, nonobstant le jugement déclaratif, tant qu'ils seront dans le délai de l'article 8 de la loi de 1855, prendre une inscription qui produira tous ses effets[1].

Mais dans le second cas, c'est-à-dire si la veuve, le mineur devenu majeur, l'interdit relevé de l'interdiction laissent passer le délai d'un an sans inscrire leur hypothèque, que déciderons-nous? Peuvent-ils encore s'inscrire, sauf à ce que leur hypothèque ne prenne rang à l'égard des tiers que du jour de leur inscription au lieu d'avoir le rang que lui assigne l'article 2134 Code Napoléon, ou bien sont-ils complétement déchus du droit de s'inscrire? — Cette question est controversée.

Dans une première opinion on invoque les termes de l'article 8 de la loi de 1855 qui, dit-on, prévoyant le cas où les personnes dont il s'agit s'inscrivent après le délai d'un an, se borne à dire sans distinction que « *leur hypothèque ne datera à l'égard des tiers que du jour des inscriptions prises ultérieurement.* » — La seule conséquence de ce retard est donc uniquement la perte du rang, concluent les partisans de ce système, et en déniant à l'inscription tout effet, on prononce une déchéance qui n'est pas écrite dans la loi[2].

L'opinion contraire nous paraît plus fondée. En effet, si le législateur de 1855 a voulu que les hypothèques des femmes mariées, des mineurs et

---

1. Demangeat, sur Bravard, t. V, p. 288, voy. la note. — P. Pont. sur l'art. 2146, t. II, n° 895.
2 Rouen, 27 juillet 1864.

des interdits, fussent inscrites après la dissolution du mariage ou la cessation de la tutelle, c'est parce qu'il a pensé avec raison qu'à partir de cette époque les motifs qui avaient déterminé les rédacteurs du Code civil à dispenser ces hypothèques de la formalité de l'inscription n'existaient plus, les personnes dont il s'agit, devenant alors en fait aussi bien qu'en droit, capables de pourvoir à leurs intérêts. Donc, à partir de cette époque, sauf le délai qui leur est accordé dans un but d'équité, et pendant lequel elles peuvent inscrire leur hypothèque en lui conservant le rang déterminé par l'article 2135 Code Napoléon, ces personnes sont replacées sous l'empire du droit commun, parce que, nous le répétons, les motifs pour lesquels on leur avait fait une situation à part n'existent plus. Or, dans l'hypothèse où nous nous sommes placés, ils n'ont pas profité de la faveur que la loi leur accordait en leur donnant un délai un an pour s'inscrire. Rien ne les distingue plus désormais, au point de vue qui nous occupe, des créanciers hypothécaires ordinaires, et le jugement déclaratif arrête pour eux comme pour les autres le cours des inscriptions.

Quant à l'argument tiré des termes de la loi de 1855 par le système adverse, il ne nous paraît nullement concluant. L'article 8 ne s'occupe des hypothèques légales du mineur, de l'interdit et de la femme mariée qu'au point de vue du rang. Il n'est donc pas étonnant qu'il ne cite pas d'autre conséquence du retour au droit commun que celle relative au rang de ces hypothèques.

Ajoutons enfin que le système adverse amènerait dans la pratique les résultats les plus fâcheux. En effet, d'une part les hypothèques dont il s'agit sont générales et frappent tous les immeubles du mari ou du tuteur; d'autre part, les personnes dont elles garantissent les créances, étant en général proches parentes ou amies du débiteur (ou son conjoint), consentiraient facilement, dans le cas où elles auraient par négligence ou autrement laissé passer le délai de la loi de 1855, à retarder encore l'époque de leur inscription pour lui conserver jusqu'à la dernière extrémité l'apparence d'une situation meilleure que celle qu'il aurait en réalité.

Ainsi, en cas de dissolution du mariage ou de cessation de la tutelle, les hypothèques des femmes mariées, des mineurs et des interdits, ne peuvent être inscrites après le jugement déclaratif que si l'on est encore dans les limites du délai d'un an accordé par l'article 8 de la loi de 1855 [1].

## SECTION II.

#### INSCRIPTION DES PRIVILÉGES.

Avant la loi du 28 mai 1838, malgré les termes généraux des articles 2146 C. N. et 443 C. C. de

---

[1]. Paris, 24 juin 1862. Cass., 17 août 1868.

1807, on se demandait si les dispositions de ces articles s'appliquaient à l'inscription des privilèges comme à celle des hypothèques. La négative était défendue par quelques auteurs[1], qui voyaient une grande différence entre les effets de l'inscription, suivant qu'il s'agissait d'une hypothèque ou d'un privilége, l'hypothèque non inscrite n'acquérant son rang et n'existant pour ainsi dire que du jour de l'inscription, disaient-ils, tandis que le privilége tient à la nature de la créance, qu'il a son rang du jour de sa naissance et que l'inscription ne fait que le lui conserver. On comprend donc, disaient ces auteurs, en concluant, que la faillite empêche l'acquisition d'un droit ; mais elle ne fait pas obstacle à la simple conservation d'un droit acquis.

Mais ce n'était là qu'une opinion, et quelle que fût l'autorité de ses partisans elle était loin d'être généralement acceptée, elle n'était pas d'ailleurs admise en jurisprudence. Elle était trop contraire aux termes des articles 2146 C. N. et 443 C. C. Elle n'était pas justifiée, car quoique les effets de l'inscription diffèrent quant au privilége et quant à l'hypothèque, quoique le rang du privilége soit déterminé par la qualité de la créance qu'il garantit et non par la date de l'inscription, il est

---

[1]. Tarrible (Rép., v° Inscript. hypot., § 4, n° 10). Merlin (Quest de eodem, v°, § 3). Persil (art. 2146, n° 8). Grenier (t. I, n° 125). V. Paul Pont., Priv. et hypoth., t. II, n° 896.

néanmoins vrai que le privilége immobilier aussi bien que l'hypothèque ne peut en principe produire d'effets à l'égard des tiers que s'il a été régulièrement inscrit.

Quoi qu'il en soit, aujourd'hui, en présence du nouvel article 448 C. C., le doute n'est plus possible. — Notre règle s'applique donc aux priviléges comme aux hypothèques. C'est désormais un point certain. Mais si cette affirmation est exacte en principe, nous rencontrons néanmoins ici un assez grand nombre de difficultés spéciales.

Écartons d'abord les hypothèses sur lesquelles il n'y a pas d'hésitation possible.

D'abord le principe de l'article 448 s'occupant de la nullité des inscriptions, il est évident qu'il ne s'applique pas aux priviléges de l'article 2101, qui sont dispensés de la formalité de l'inscription au point de vue du droit de préférence[1].

De plus, quand il s'agira d'un privilége résultant d'une acquisition faite depuis le jugement déclaratif, la masse si elle veut en profiter doit, nous l'avons dit plus haut en traitant du dessaisissement, exécuter toutes les obligations qui grèvent cette acquisition; le privilége pourra donc être inscrit dans ce cas nonobstant le jugement déclaratif.

Ceci admis, nous supposons qu'il s'agit de pri-

---

1. Au point de vue qui nous occupe cela est suffisant, car entre le créancier privilégié et la masse, il ne peut être question que d'un droit de préférence.

viléges ayant une cause antérieure au jugement déclaratif, soumis par la loi à l'inscription, et non encore inscrits. L'article 448 1er alin. s'appliquera-t-il dans tous les cas ? Sera-t-il toujours interdit au créancier de rendre son privilége public après le jugement déclaratif de la faillite de son débiteur ?

L'affirmative n'est pas douteuse quant aux priviléges qui, aux termes du Code civil, doivent être rendus publics par une inscription, sans qu'aucun délai ou aucun moyen spécial de publicité soit indiqué au créancier dont ils garantissent les droits. Cela s'applique au privilége des entrepreneurs et architectes et des personnes qui ont prêté des fonds pour payer ou rembourser les ouvriers. Ce privilége se conserve par la double inscription : 1° du procès-verbal qui constate l'état des lieux ; 2° du procès-verbal de réception. On admet généralement que la première de ces inscriptions doit être faite avant le commencement des travaux. Disons, sans nous arrêter à toutes les difficultés soulevées par l'explication de cet article (ce qui nous entraînerait hors de notre sujet), que si le débiteur tombe en faillite avant que cette première inscription ait été prise, elle ne pourra plus l'être utilement. Si elle avait été prise, la seconde pourrait l'être utilement après le jugement déclaratif[1].

1. Limoges, 1er mars 1847.

Nous allons maintenant examiner les deux questions suivantes :

1° L'article 448 s'applique-t-il au privilége du vendeur d'un immeuble (ou à celui du tiers qui a prêté des fonds pour payer le vendeur et qui a été régulièrement subrogé à ses droits) pour lesquels la loi a déterminé un autre mode de conservation que l'inscription, à savoir la transcription ? — Ces créanciers peuvent-ils encore faire transcrire alors qu'ils n'auraient plus le pouvoir de prendre une inscription valable?

2° Le même article s'applique-t-il aux priviléges pour l'inscription desquels la loi a assigné un certain délai si la faillite du débiteur a été prononcée avant l'expiration de ce délai ? — Pourront-ils, s'ils sont encore dans le délai légal, s'inscrire nonobstant le jugement déclaratif?

I. *Privilége du vendeur*. On sait que ce privilége se conserve aux termes de l'article 2108 C. N. « *par la transcription du titre qui a transféré la propriété à l'acquéreur et qui constate que la totalité ou partie du prix lui est due, sauf l'obligation pour le conservateur de prendre d'office une inscription* » (tout cela sans préjudice du droit qu'a le vendeur de conserver son privilége par une inscription).

Or, supposons que Primus ait vendu un immeuble à Secundus ; Secundus est un commerçant qui tombe en faillite avant que le contrat de vente ait été transcrit. — Primus peut-il encore transcrire et conserver ainsi son privilége nonobstant le jugement déclaratif?

Deux systèmes sont en présence.

1<sup>er</sup> *système.* — Oui, le vendeur peut encore faire transcrire et conserver ainsi son privilége.

En effet, l'article 448 parle des inscriptions; or ici il s'agit d'une transcription; cet article édicte une déchéance et les déchéances sont de droit étroit; elles ne peuvent être étendues par analogie.

De plus, le vendeur, depuis la loi de 1855 (V. art. 3), reste propriétaire à l'égard des tiers jusqu'à l'époque de la transcription qui produit à la fois la mutation de propriété à l'égard des tiers et le privilége à son profit. Donc, s'il y a eu transcription avant la faillite de l'acheteur, il y aura un privilége; s'il n'y a pas eu transcription, il est resté propriétaire et il peut agir en revendication contre la masse. Jusqu'à la transcription il peut, en effet, vendre l'immeuble de nouveau ou l'hypothéquer, et cette vente ou ces hypothèques seront opposables à l'acheteur primitif et prévaudront contre lui, si le nouvel acheteur ou les créanciers hypothécaires ont conservé leurs droits par transcription ou inscription.

La faillite de l'acheteur ne peut aucunement changer cette situation juridique du vendeur qui peut, tant que la propriété de l'acheteur failli n'est pas consolidée par la transcription, faire sortir son immeuble de la faillite au moyen d'affectations hypothécaires ou de nouvelles aliénations, comme il pouvait le faire sortir du patrimoine d'un acheteur non dessaisi. Les syndics, dira-t-on, peuvent faire transcrire eux-mêmes. Mais ils ont peu d'intérêt à cela, sauf le cas où l'immeuble aurait acquis depuis la vente une plus-value, car la transcription en consolidant la propriété, ferait naître en même temps le privilége et assurerait ainsi au vendeur son droit de préférence. Mais, ce que les syndics pourraient faire, n'est-il pas juste que le vendeur puisse le faire lui-même? Cela serait bizarre; quand le vendeur pourrait se procurer indirectement tous les effets de son privilége au moyen d'affectations hypothécaires ou d'aliénations qu'il pourrait faire utilement à défaut par l'acquéreur failli d'avoir fait transcrire son acquisition, serait-il concevable qu'il ne pût pas acquérir directement ce privilége au moyen de la transcription[1]?

Enfin la transcription étant efficace, même après le jugement déclaratif, a l'effet d'arrêter le cours des inscriptions hypothécaires du chef du vendeur et rendant en général le droit du failli opposable aux tiers qui, postérieurement à la vente, traiteraient avec le vendeur ou ses héritiers, elle doit également être efficace à l'effet de conserver le privilége du vendeur, car il n'est pas permis de scinder ses effets.

1. P. Pont, Priv. et hypot., t. II, n° 903, Riom, 13 juin 1818.

2° *système*. — La prohibition implicite de l'article 448 s'applique au privilége du vendeur d'un immeuble.

Nous ne saurions admettre l'argument de texte qui consiste à dire que notre article parlant d'inscriptions, ne peut pas être applicable au privilége du vendeur qui se conserve par un autre mode de publicité, la transcription. La déchéance dont il s'agit a pour but, en effet, d'atteindre les droits qui auraient dû être rendus publics et qui ne l'ont pas été avant la déclaration de faillite. La substitution d'un mode de publicité à un autre ne peut donc en affranchir le vendeur. D'ailleurs les termes mêmes de l'article 2108 C. N. nous montrent bien quelle est la valeur de cette substitution, en nous disant que la transcription de l'acte de vente « *vaut inscription* ». Si la transcription vaut inscription, elle ne peut évidemment pas avoir lieu à une époque où l'inscription serait impossible[1].

Quant à la théorie exposée sous le premier système sur la notion du privilége du vendeur et sur l'effet de la transcription en général, quelque ingénieuse qu'elle puisse paraître, et quelle que soit l'autorité de ses partisans, elle ne nous paraît pas justifiée. Nous nous rallions au contraire à l'opinion des personnes qui pensent que le vendeur, en transmettant son immeuble à l'acheteur, re-

---

1. Bravard et Demangeat, t. V, p. 290. — Mourlon, Transc., t. II, n°ˢ 643 et suiv. — Caen, Rej., 2 décembre 1863. — Alger, 19 mai 1868.

tient un privilége sur cet immeuble et ne consent à la translation de propriété que sous cette réserve, que par conséquent le privilége existe du jour du contrat de vente et qu'il pourrait être inscrit même avant la transcription de l'acte de vente. — En effet, du jour de la vente, le vendeur cesse d'être propriétaire à l'égard de l'acheteur, comme nous le disent formellement les articles 1138 et 1583; et la loi de 1855 ne recule la translation de propriété jusqu'au moment de la transcription « *qu'à l'égard des tiers qui ont des droits sur l'immeuble et qui les ont conservés en se conformant aux lois.* » — L'acquéreur qui est devenu propriétaire indépendamment de toute transcription pourrait recourir en dommages-intérêts contre son vendeur, s'il était évincé par un de ces tiers dont parle l'article 3 de la nouvelle loi. Dès lors, il est inexact de dire que le vendeur pourrait revendiquer contre l'acheteur ou contre les créanciers de la masse qui le représentent quand il est en faillite.

Enfin, les effets de la transcription, dit le premier système, sont indivisibles. C'est encore là, selon nous, une inexactitude, et aucune disposition de la loi ne s'oppose à ce que les effets de la transcription diffèrent suivant l'époque à laquelle elle est faite. Ordinairement ils se produisent concurremment; mais il ne s'ensuit pas qu'il en soit toujours ainsi nécessairement. Par exemple, quand le prix est payé comptant, il ne peut être question du privilége du vendeur ni par conséquent de conserver ce privilége; cependant la transcription dans ce cas conserve son effet translatif de propriété à l'égard des tiers. On voit donc que les effets de la transcription peuvent se produire indépendamment l'un de l'autre[1].

Ce système sera assurément fort dur dans certains cas pour le vendeur, car il pourra arriver qu'entre la vente et la déclaration de faillite de l'acheteur, il ne s'écoule qu'un intervalle de temps très-court. Mais cette considération ne saurait prévaloir contre les principes. Ce n'est là qu'une critique de la loi; nous n'avons pas à nous y arrêter.

Les conséquences pratiques du système que nous défendons peuvent d'ailleurs être évitées par le vendeur prévoyant au moyen d'une clause spéciale insérée dans le contrat de vente, portant que dans le cas de faillite de l'acquéreur survenant avant la transcription, la vente sera regardée comme nulle et non avenue.

La question que nous venons d'étudier et de résoudre est fort importante. De tout temps elle a préoccupé la doctrine et la jurisprudence. Mais aujourd'hui, depuis la loi du 23 mars 1855, elle s'est compliquée d'un nouvel élément. En effet,

1. Lyon, 20 mai 1838. V. pour tout ce qui concerne cette question relative au privilége du vendeur Camus, Thèse de Doctorat, Faculté de Nancy, 28 janvier 1874, p. 214 et suiv.

avant cette loi le vendeur qui n'avait pas transcrit avant la faillite de l'acquéreur et qui, selon nous, perdait ainsi son privilége, conservait dans tous les cas son action résolutoire, à l'aide de laquelle il pouvait reprendre l'immeuble dont le prix ne lui avait pas été payé. (Art. 465 C. N.). L'article 7 de la loi précitée a lié le sort de l'action résolutoire à celui du privilége. Il s'exprime ainsi :

« *L'action résolutoire établie par l'article* 1654 *C. N. ne peut être exercée après l'extinction du privilége du vendeur, au préjudice des tiers, qui ont acquis des droits sur l'immeuble du chef de l'acquéreur et qui se sont conformés aux lois pour les conserver.* »

Dès lors se présente la question suivante : En supposant que l'acheteur tombe en faillite avant la transcription du contrat de vente et que le privilége du vendeur se trouve éteint (conformément à ce que nous avons décidé), faut-il dire que l'action résolutoire est aussi perdue pour le vendeur, conformément à l'article 7 de la loi de 1855 ? Cette question a donné lieu à trois systèmes.

1er *système*. — Le vendeur qui n'a pas inscrit son privilége ou transcrit l'acte de vente avant le jugement déclaratif perd toutes ses prérogatives, son action en résolution aussi bien que son privilége.

L'article 7 de la loi de 1855 ne distingue pas, et il est conforme à son esprit de subordonner, l'exércice du droit de résolution à la conservation du privilége. Le législateur a voulu en édictant cette règle, donner une sanction efficace à la règle de la publicité du privilége du vendeur et empêcher celui-ci d'obtenir au moyen de l'action en résolution, une satisfaction équivalente à celle qu'il eût obtenue s'il eût conservé régulièrement son privilége. Or, du jour de la faillite déclarée de l'acheteur, ses créanciers acquièrent par l'effet du dessaisissement un droit réel sur l'ensemble de son patrimoine, par conséquent sur l'immeuble vendu comme sur le reste. Ce droit réel est indépendant de toute condition de publicité; par conséquent aussitôt né il peut être considéré comme régulièrement conservé; ces créanciers sont donc dans les conditions voulues pour pouvoir invoquer l'article 7 de la loi de 1855.

2° *système*. — La question doit être résolue par une distinction. — L'action résolutoire ne peut plus être exercée après la faillite de l'acheteur si les syndics ont pris au profit de la masse l'inscription dont parle l'article 490 avant que l'acte de vente ait été transcrit; — elle peut encore l'être dans le cas où la prescription de la vente, quoique postérieure au jugement déclaratif, a précédé l'inscription des syndics.

Ce système se fonde sur ce que les créanciers de la masse n'acquièrent de droit réel, ne deviennent véritablement des tiers, dans le sens de l'article 7 de la loi de 1855, qu'après l'inscription prise par les syndics en vertu de l'article 490. Jusque-là les créanciers ne peuvent se prévaloir de l'article 7 précité parce qu'ils ne peuvent pas dire qu'ils ont conservé leur droit en se conformant aux lois.

3° *système*. — Quand il n'y a eu ni transcription, ni inscription avant le jugement déclaratif, le privilége du vendeur est éteint, mais son action en résolution subsiste.

En effet, l'article 7 de la loi du 23 mars 1855, ne dit pas d'une façon absolue qu'une fois le privilége du vendeur éteint, l'action en résolution périt avec lui. Il dit que l'action en résolution ne peut plus, après l'extinction du privilége, *être exercée au préjudice des tiers qui ont acquis des droits sur l'immeuble du chef de l'acquéreur et qui se sont conformés aux lois pour les conserver.*

Or, même en admettant que la masse acquiert un droit réel sur les biens du failli, droit réel résultant du dessaisissement d'après le premier système, de l'inscription de l'article 490 d'après le second, nous ne serions pas encore dans les termes de l'article 7 de la loi de 1855, car ce droit réel, les créanciers de la masse le tiennent de la loi : on ne peut pas dire qu'ils l'ont acquis du chef de l'acquéreur et qu'ils l'ont conservé en se conformant aux lois. — Dans tous les cas, ce droit des créanciers de la masse invoqué à l'appui des deux premiers systèmes ne saurait affecter les biens du failli qu'en l'état où ils sont dans son patrimoine; il ne peut donc porter sur l'immeuble vendu que sous la réserve de l'action résolutoire du vendeur.

Enfin, l'article 7 de la nouvelle loi se lie intimement à l'article 6; or, ce dernier ne s'occupe que du droit de suite; la perte de l'action résolutoire est donc une conséquence de la perte du droit de suite attaché au privilége du vendeur. Mais, contre la faillite, il ne saurait être question pour le vendeur d'un droit de suite; ce que lui a enlevé la déchéance de son privilége résultant de l'article 448 C. C. c'est son droit de préférence. Donc l'article 7 de la loi de 1855 est étranger à l'hypothèse que nous examinons[1].

Nous nous rallierons à ce troisième système, qui a du reste été consacré par la Cour de cassation, dans un arrêt du 1ᵉʳ mai 1860 (ch. civile), mais par des motifs différents de ceux que nous venons d'exposer d'après les auteurs qui défendent cette opinion.

« L'action résolutoire, dit la cour suprême, cesse d'exister quand le privilége est éteint. Mais, si au lieu d'être éteint d'une manière absolue, le privilége n'est que paralysé, s'il n'est que circonscrit dans ses effets et susceptible de revivre, l'action résolutoire subsiste aussi, car l'article 7 de la loi de 1855 exige que le privilége soit éteint, et cet article prononçant une déchéance rigou-

---

1. Bravard et Demangeat, t. V, p. 292. Mourlon, Transc., n° 812. Aubry et Rau, t. II, p. 802, note. M. Boistel, p 638, Bordeaux, 15 juillet 1857.

reuse contre un créancier généralement favorisé doit être interprété restrictivement. — Or, dans l'espèce proposée, le privilége n'est pas complétement éteint dans le sens exact du mot. Il conserve toute son utilité vis-à-vis de l'acheteur et des créanciers postérieurs au jugement déclaratif. Il est seulement inefficace à l'égard de la masse. »

II. *Priviléges pour l'inscription desquels la loi indique un certain délai.* — La loi indique pour certains priviléges un délai pendant lequel l'inscription conserve le droit du créancier et lui donne le rang que lui assigne la qualité de sa créance nonobstant toute inscription d'hypothèque qui pourrait être prise dans ce délai par d'autres créanciers; — tandis qu'au contraire une fois ce délai passé, l'inscription ne donne rang au privilége qu'à partir de sa date comme une simple inscription d'hypothèques. Ainsi, le privilége des cohéritiers et copartageants, au point de vue du droit de préférence et sauf l'innovation introduite par la loi du 23 mars 1855 en ce qui concerne le droit de suite, peut être utilement inscrit dans les soixante jours à partir de l'acte de partage ou de l'adjudication sur licitations. — Les priviléges créés au profit du trésor public par les deux lois du 5 septembre 1807, l'un sur les immeubles des comptables acquis par eux à titre onéreux depuis leur nomination, l'autre sur les biens des condamnés pour le recouvrement des frais de justice, en matière correctionnelle et de police, doivent être inscrits, le premier dans les deux mois de l'enregistrement de l'acte translatif de propriété, le second dans les deux mois à partir du jugement de condamnation. — Enfin, pour le droit de préférence qui résulte de la séparation de ces patrimoines, l'inscription doit être prise sur les immeubles faisant partie du patrimoine du défunt, dans les six mois à compter de l'ouverture de la succession.

Si l'on suppose, dans ces différents cas, que le débiteur tombe en faillite avant que l'inscription ait été prise, mais aussi avant l'expiration des délais fixés par la loi, l'article 448 s'appliquera-t-il? Le créancier auquel la loi accorde un délai pour s'inscrire peut-il le faire nonobstant la faillite de son débiteur?

Nous soutenons que l'article 448 C. C. ne doit pas s'appliquer dans les différents cas que nous avons indiqués. En effet, il ne faut pas perdre de vue l'esprit de cet article; ce qu'il ne veut pas, c'est qu'un créancier muni d'une sûreté spéciale puisse nuire à la masse par suite de négligence ou de collusion avec son débiteur, en tenant secret son privilége ou son hypothèque et en ne l'inscrivant qu'au jour où le mauvais état des affaires du débiteur est lui-même révélé au public. Mais, pour les créanciers dont nous parlons, la loi en indiquant un délai reconnaît que ce délai est nécessaire, que par conséquent il ne peut y avoir ni fraude ni négligence de la part du créancier qui, usant du droit qui lui est accordé, s'inscrit dans le délai voulu, quand même pendant ce emps la faillite du débiteur surviendrait. L'article 448 n'est donc pas fait pour ces hypothèses.

Nous déciderons donc que le copartageant pourra, en supposant la faillite de son cohéritier survenu quelque temps après le partage, inscrire son privilége s'il y a lieu, du moment que le délai de soixante jours qui lui est accordé par l'article 2109 ne sera pas expiré. Ici moins que partout ailleurs il ne peut y avoir de doute, car le partage est un acte nécessaire qui lui-même ne peut éveiller aucun soupçon de fraude, et la brièveté du délai, qui est accordé pour inscrire le privilége auquel le partage peut donner lieu, écarte toute idée de négligence de la part du créancier.

L'article 6 de la loi du 23 mars 1855, traitant du droit de suite, accorde un délai de quarante-cinq jours à partir de l'acte de partage nonobstant toute transcription d'actes faite dans ce délai. Si nous supposons un copartageant créancier d'une soulte, par exemple, et son cohéritier tombant en faillite après avoir vendu un immeuble qui lui était échu lors du partage, le preneur pourra exercer son droit de suite contre l'acquéreur, nonobstant cette faillite, tant qu'il ne se sera pas encore écoulé quarante-cinq jours depuis l'époque du partage.

Nous appliquerons la même solution au vendeur; nous avons décidé, il est vrai, plus haut, qu'au point de vue du droit de préférence à exercer contre les créanciers de la masse, il était déchu de son privilége s'il n'avait pas inscrit ou transcrit avant la faillite. Mais l'article 6 de la loi de 1855 le met, au point de vue du droit, de suite sur la même ligne que le copartageant. Ainsi, supposons un individu, Primus, qui a vendu un immeuble à un commerçant, Secundus, qui, à son tour, a revendu cet immeuble à un tiers, Tertius; Secundus, après cette revente tombe, en faillite. Primus, le premier vendeur, que nous supposons non payé, pourra, malgré la faillite de son acheteur, inscrire utilement son privilége afin d'exercer son droit de suite contre Tertius, tant que quarante-cinq jours ne seront pas écoulés depuis la vente. Cette solution est commandée par l'article 6 de la loi de 1855.

Ainsi, le vendeur ne peut plus, après le jugement déclaratif de la faillite de son acheteur, inscrire ou transcrire à l'effet d'opposer son privilége à la masse; mais s'il y a eu revente, il peut, s'il est encore dans les quarante-cinq jours à partir de la première vente, inscrire son privilége à l'effet d'exercer son droit de suite contre le tiers acquéreur.

Quelques personnes vont plus loin encore; selon elles, le vendeur qui est encore dans les quarante-cinq jours, peut inscrire son privilége nonobstant la faillite de l'acheteur survenue dans ce délai et la faire valoir ainsi contre la masse. L'article 6 de la loi de 1855 aurait ainsi apporté une modification à la règle que nous avons posée plus haut (p. 219, 2ᵉ syst.), et elle devrait se formuler ainsi : Le privilége du vendeur ne peut plus, après la faillite de l'acheteur, être conservé par l'inscription ni par la transcription, à moins, toutefois, qu'à l'époque du jugement déclaratif il ne se soit pas encore écoulé quarante-cinq jours depuis la vente.

Les partisans de ce système raisonnent ainsi : L'article 6 de la loi de 1855, disent-ils, décide que le vendeur et le copartageant pourront encore utilement inscrire leur privilége, afin d'exercer leur droit de suite contre un tiers acquéreur, même après que ce tiers aura rempli la formalité de la transcription, si quarante-cinq jours ne se sont pas encore écoulés depuis la vente ou le partage. Or, quand le tiers acquéreur a transcrit, il est propriétaire *erga omnes*. Ainsi, par une faveur spéciale, le privilége du vendeur peut encore être conservé à l'effet d'exercer le droit de suite qui en résulte, quoique un tiers ait acquis sur l'immeuble en question le droit le plus absolu qu'on puisse avoir, le droit de propriété. Comment le dessaisissement résultant de la déclaration de faillite pourrait-il avoir la puissance d'enlever au vendeur une faculté qu'il peut exercer à l'encontre du droit de propriété lui-même, tant que les quarante-cinq jours ne sont pas écoulés?

Nous ne saurions nous associer à cette opinion,

quelque logique qu'elle paraisse au premier abord. En effet, l'article 6 de la loi de 1855 n'a trait qu'au droit de suite. Contre la masse il ne saurait être question du droit de suite, mais seulement du droit de préférence. Dès lors, nos adversaires se placent sur un terrain qui n'est pas celui de la question. L'article 6 a voulu protéger le vendeur non contre une déclaration de faillite, mais contre une revente immédiatement suivie de transcription, soit contre une constitution de droits consentis par le vendeur aussitôt après la vente et transcrits ou inscrits sans retard.

Quant aux priviléges du trésor dont nous avons parlé, nous dirons qu'ils peuvent être inscrits tant que les délais ne sont pas expirés par les raisons exposées plus haut.

Un arrêt de la Cour de Metz, du 28 février 1856, a même décidé que les inscriptions générales mentionnées dans les articles 490, 9517, C. com., ne pouvant tenir lieu de l'inscription spéciale exigée par la loi du 5 septembre 1807, le trésor public DEVAIT, pour la conservation du privilége qu'il tient de cette loi à raison des frais de justice criminelle, prendre inscription dans les deux mois de l'arrêt de condamnation, alors même que le condamné était en état de faillite et que le syndic avait pris l'inscription prescrite par l'article 490, C. com.[1].

1. V. P. Pont, Priv. et hyp., t. II, n° 899.

Reste le droit des créanciers et légataires qui ont demandé la séparation des patrimoines du défunt. Si l'on suppose qu'avant l'expiration du délai de six mois qui leur est accordé par l'article 2111 pour s'inscrire la faillite soit déclarée (la faillite du défunt déclarée après décès conformément à l'article 437, ou celle de l'héritier), cet événement fera-t-il obstacle à ce que les créanciers et légataires puissent s'inscrire utilement?

Ici une observation est nécessaire. On ne s'accorde pas sur la nature du droit des créanciers et légataires séparatistes. Les uns croient que ce droit est un véritable privilége; suivant d'autres, c'est un droit de préférence sui generis et non pas un privilége.

Ces derniers doivent admettre, sans aucune difficulté, que les créanciers séparatistes peuvent prendre inscription nonobstant la déclaration de faillite, car l'article 448 ne parle que des priviléges et hypothèques, et comme il édicte une déchéance, il doit être interprété restrictivement. Pour les partisans de la première opinion, au contraire, la question reste entière.

Mais pour nous, les motifs généraux donnés ci-dessus nous décident à dire que, même en considérant la séparation des patrimoines comme conférant un véritable privilége, l'inscription pourra être prise nonobstant la faillite déclarée, si l'on est encore dans le délai de six mois à compter de l'ouverture de la succession.

L'opinion que nous venons d'exposer a été vivement combattue. Nos adversaires nous opposent surtout les termes absolus de l'article 448. Nous devons avouer, d'ailleurs, que nous avons longtemps hésité avant de nous décider. Nous croyons néanmoins que le système auquel nous nous sommes arrêtés est à la fois plus équitable et plus conforme à l'esprit de la loi, les conséquences de l'opinion de nos adversaires dépassant, selon nous, le but que le législateur a voulu atteindre en édictant la prohibition de l'article 448, C. com.

Il nous reste sur ce sujet un dernier point à examiner. Aux termes de l'article 2113, C. N., « *les créances privilégiées à l'égard desquelles les conditions prescrites par la loi, pour conserver le privilége, n'ont pas été accomplies, ne cessent pas néanmoins d'être hypothécaires. Mais l'hypothèque ne date à l'égard des tiers que de l'époque des inscriptions qui auront pu être faites.* »

Ainsi, les créanciers privilégiés auxquels la loi accorde un délai pour s'inscrire et conserver ainsi le droit de préférence que leur attribue la qualité de leur créance peuvent encore s'inscrire après ces délais passés. Mais alors leur inscription ne produira plus d'effet qu'à partir de sa date ; au lieu d'être traités comme des créanciers privilégiés, ils auront le même sort que de simples créanciers hypothécaires. Dans ces conditions, une fois le délai expiré, si le débiteur tombe en faillite, ils seront définitivement déchus du droit de s'inscrire; alors il n'y a plus aucune raison pour les soustraire à l'article 448, C. com.

Faisons toutefois une observation relative à la séparation des patrimoines. Si l'on admet qu'elle ne constitue pas un véritable privilége, mais un droit sui generis, elle ne doit à aucune époque être soumise à la déchéance de l'article 448, puisque cet article ne parle que de priviléges et d'hypothèques. Dès lors il faut dire que même après les six mois les créanciers séparatistes peuvent s'inscrire nonobstant la déclaration de faillite et leur droit sera ou non opposable à la masse selon que leur inscription aura précédé celle que les syndics doivent prendre en vertu de l'article 490 ou qu'elle l'aura suivie.

## SECTION III.

### L'ARTICLE 448 S'APPLIQUE-T-IL A DES ACTES AUTRES QUE LES INSCRIPTIONS DE PRIVILÉGES ET D'HYPOTHÈQUES?

Nous venons de voir pour l'inscription des priviléges et hypothèques quelle est la portée de l'article 448 1er alinéa. Voyons maintenant si cette règle doit être exclusivement restreinte aux priviléges et hypothèques et si elle n'atteint pas d'autres actes.

Nous pouvons répondre à priori à la question ainsi posée d'une manière générale: non. On ne peut tirer d'argument d'analogie de l'article 448 1er alinéa, car cet article ne pose pas de règle générale ; il édicte une déchéance contre les créanciers privilégiés et hypothécaires et cette disposition doit être interprétée restrictivement.

Mais il y a des actes, on le sait, qui exigent pour pouvoir être opposés aux tiers certaines formalités de publicité aussi bien que les priviléges et hypothèques. Nous devons donc rechercher s'il n'y a pas lieu de décider, non en vertu de l'article 448, mais à raison de considérations spéciales à chacun de ces actes, si les formalités de publicité dont il s'agit ne peuvent plus être remplies après le jugement déclaratif de faillite dans le cas où elles ne l'ont pas été auparavant.

Nous allons donc rechercher si le jugement déclaratif de faillite fait obstacle à la signification d'une cession de créance, à la transcription d'une donation et enfin à la transcription d'un des actes soumis à cette formalité par la loi du 23 mars 1855. — Prenons chaque hypothèse séparément.

1° *La signification au débiteur cédé d'un transport de créance valablement effectué peut-elle avoir lieu utilement après la déclaration de faillite du cédant?*

A quelque point de vue que l'on se place, il faut répondre que la signification faite après la déclaration de faillite du cédant n'est pas opposable à la masse. — En effet, jusqu'à la signification de la cession, le cessionnaire n'est pas à l'égard des tiers investi des droits du cédant ; il n'est qu'un simple créancier de celui-ci. Dès lors il ne peut plus après le jugement déclaratif se créer une cause de préférence. On a dit encore à ce sujet : « le jugement déclaratif équivaut au moins à une saisie-arrêt entre les mains du débiteur puisqu'il enlève à celui-ci le droit de payer entre les mains du failli. Or, une saisie-arrêt suffit pour que la cession ne puisse pas être opposée aux créanciers si elle n'a pas été antérieurement signifiée ou acceptée dans un acte authentique[1]. »

2° Une donation d'immeuble valable (non susceptible de tomber sous le coup de l'article 446) faite par un commerçant peut-elle encore être utilement transcrite par le donataire après le jugement déclaratif de la faillite de ce commerçant ?

Si l'on décide que les simples créanciers chirographaires du donateur ont le droit d'opposer le défaut de transcription, on devra évidemment dire que la transcription faite après le jugement déclaratif n'est pas opposable à la masse. — Si au contraire on adopte l'opinion de ceux qui croient que pour se prévaloir du défaut de transcription d'une donation, il faut nécessairement avoir acquis du donateur un droit réel sur l'immeuble dont il s'agit, la solution sera la même pour le cas de donation et pour celui d'un acte à

---

1. En ce sens Aubry et Rau, t. III, p. 359 *bis*. Cass., 4 janvier 1847. Paris, 7 février 1849, 28 juin 1855. Req., 26 janvier 1863.

titre onéreux soumis à la transcription par la loi du 23 mars 1855.

La première opinion nous paraît préférable. En effet, l'article 941, C. N., nous dit : « *Le défaut de transcription pourra être opposé par toute personne ayant intérêt,* excepté toutefois celles qui sont chargées de faire la transcription ou leurs ayant cause et le donateur. » Or, les créanciers chirographaires du donateur ont évidemment intérêt à la nullité de la donation. Donc ils sont dans les conditions voulues pour se prévaloir du défaut de transcription. — Cette solution est très-contestée ; mais nous préférons nous y tenir ; quelle que puisse être la valeur des arguments que le système adverse tire de la tradition, de la loi du 11 brumaire an VII, il nous paraît trop contraire aux textes de l'article 941 et de la loi de 1855. Nos adversaires arrivent à mettre sur le même pied au point de vue de la transcription les donations et les actes à titre onéreux ; comparons donc les dispositions qui s'appliquent à ces deux espèces d'actes. — Nous venons de donner ci-dessus le texte de l'article 941 qui indique quelles personnes peuvent opposer le défaut de transcription d'une donation. Prenons maintenant l'article 3 de la loi du 23 mars 1855 qui traite la même question relativement aux actes que cette loi soumet à la transcription : « *Jusqu'à la transcription les droits résultant des actes et jugements énoncés aux articles précédents ne peuvent être opposés aux tiers qui ont des droits sur l'immeuble et qui les ont conservés en se conformant aux lois.* »

On voit la différence qui existe entre les termes de l'article 941 C. N. et ceux de l'article 3 de la loi de 1855. — Il n'y a pas selon nous d'argument historique qui puisse prévaloir contre de tels arguments de texte.

Enfin l'article 11 de la loi de 1855 déclare « *qu'il n'est point dérogé aux dispositions du Code civil relatives à la transcription des donations et des dispositions à charge de rendre.* » — Évidemment si la loi de 1855 nous apprend dans son article 11 qu'elle ne déroge pas aux règles du Code civil sur la transcription des donations, c'est que ces règles sont différentes de celles qu'elle vient de poser pour les autres actes dans les articles précédents, ce qui confirme notre interprétation.

D'ailleurs le système que nous défendons n'a pas seulement pour lui les textes; il se justifie très-bien en équité. On comprend parfaitement que la loi se montre plus favorable aux acquéreurs à titre onéreux qu'aux donataires. D'abord ces derniers « *certant de lucro captando* » et les créanciers qui leur opposent le défaut de transcription « *certant de damno vitando* ». En outre la donation cause toujours aux créanciers du donateur un préjudice, tandis qu'un acte à titre onéreux peut ne leur en causer aucun ou même leur être avantageux, si la valeur que leur débiteur a reçue est supérieure à celle qu'il a fournie.

Nous répondrons donc à la seconde question que nous avons posée que la masse peut se prévaloir du défaut de transcription des donations faites par leur débiteur et non encore transcrites à l'époque du jugement déclaratif. Le donataire ne pourra donc plus transcrire utilement après cette époque.

3° Un commerçant a vendu un immeuble, ou bien d'une manière générale il a fait, relativement à un immeuble, un des actes qui, aux termes de la loi du 23 mars 1855, requièrent transcription (art. 1, 2 et 3). S'il tombe en faillite avant que la transcription ait été faite, peut-elle encore l'être valablement à l'égard de la masse après le jugement déclaratif?

(Bien entendu nous supposons les actes dont il s'agit valables en eux-mêmes et à l'abri soit de l'article 1167 C. N., soit des articles 446 et s. C. c.)

Trois systèmes sont ici en présence.

1° La transcription exigée par la loi de 1855 ne peut être considérée comme trop tardive lorsqu'elle a lieu après le jugement déclaratif;

2° Cette transcription est sans effet relativement à la masse si elle est opérée après le jugement déclaratif.

3° Elle peut encore être opérée après le jugement déclaratif; mais il faut qu'elle le soit avant que les syndics aient pris l'inscription dont parle l'article 490 C. c.

Ce troisième système nous paraît le plus fondé. — En effet, la transcription exigée par la loi du 23 mars 1855 n'est pas une condition absolue de la translation des droits qui y sont soumis. La loi nous dit simplement que jusqu'à la transcription les actes qui y sont soumis ne peuvent être opposés « *aux tiers qui ont des droits sur l'immeuble et qui les ont conservés en se conformant aux lois.* » Ainsi une vente non transcrite est valable *inter partes*; le défaut de transcription ne peut être invoqué par le vendeur, et, de plus, il ne peut pas l'être par d'autres personnes que celles qui ont acquis des droits sur l'immeuble, c'est-à-dire suivant l'interprétation générale des droits réels, et qui les ont conservés en se conformant aux lois. — Les partisans du premier système disent : « La masse n'acquiert pas de droit réel par suite du dessaisissement; donc elle ne peut opposer le défaut de transcription. » — Dans la seconde opinion, au contraire, on prétend que la masse acquiert, dès le jour du dessaisissement, un droit réel, car l'actif du failli tel qu'il se compose au jour du jugement déclaratif est affecté au paiement de son passif tel aussi qu'il existe à ce moment. Le failli ne peut plus modifier son actif ni augmenter son passif au préjudice de la masse qui seule profitera de la réalisation de toutes les valeurs qui composent le patrimoine de son débiteur. Il y a là un véritable droit de préférence, une sorte de droit de nantissement général, en un mot un droit réel ; or comme ce droit réel n'est assujetti à aucune formalité, aussitôt né on peut dire qu'il est conservé. On se trouve donc dans les conditions exigées par l'article 3 de la loi de 1855.

Ces deux systèmes nous paraissent l'un et l'autre trop absolus. D'abord il nous paraît excessif de dire comme le second : le patrimoine du failli étant, à partir du jugement déclaratif, exclusivement réservé aux créanciers de la masse, il y a là un droit de préférence, donc un droit réel. En effet, supposons un débiteur dont les biens seraient saisis à la requête de l'un ou de quelques-uns de ses créanciers. Cette saisie, une fois transcrite, ne donne-t-elle pas aux créanciers présents à l'encontre de ceux qui traiteraient désormais avec ce débiteur une sorte de droit de préférence? Et cependant on ne dit pas que ces créanciers présents ont un droit réel. Donc il n'est pas juste de dire que les créanciers d'une personne ont un droit réel par cela seul que les biens de leur débiteur leur sont affectés à l'exclusion des créanciers futurs par suite d'un fait quelconque.

Mais ce raisonnement n'a qu'une importance secondaire, car, dans le cas particulier de faillite dont nous nous occupons, nous reconnaissons au profit de la masse un véritable droit réel. Mais quel droit réel? La loi ne nous en indique pas d'autre que l'hypothèque qui doit être inscrite par les syndics aux termes de l'article 490. — Plaçons-nous d'abord à l'époque antérieure à l'inscription des syndics. Tant que cette hypothèque n'a pas été inscrite, on ne peut pas dire que la masse a conservé son droit en se conformant aux lois. Donc jusqu'à ce moment elle ne peut opposer à l'acheteur de l'immeuble du failli le défaut de transcription de la vente, et elle ne peut pas prétendre par suite que cet immeuble doit être considéré comme faisant toujours partie du patrimoine du failli.

Mais à cela on a fait plusieurs objections. D'abord, a-t-on dit, ce système conduit à une anomalie singulière en ce sens que la transcription d'un acte à titre onéreux et l'inscription d'un privilége ou d'une hypothèque vont être traitées d'une manière tout à fait différente, puisque la loi interdit, dans l'intérêt du failli, l'inscription des priviléges et hypothèques non encore inscrits à l'époque du jugement déclaratif, et qu'elle maintiendrait au contraire les aliénations clandestines que l'on voudrait faire valoir contre ces mêmes créanciers.

Nous répondrons d'abord que si notre solution en ce qui concerne la transcription est conforme aux principes du droit, celle qu'adopte l'article 448 C. c. pour les inscriptions ne prouve rien contre nous, cet article ne devant pas être étendu par analogie. De plus, on peut dire qu'il n'y a pas entre les deux cas d'analogie parfaite. En effet, la constitution d'hypothèque est un acte toujours nuisible aux créanciers chirographaires et elle ne leur est jamais opposable, suivant l'opinion générale, tant qu'elle n'a pas été rendue publique par l'inscription. Nous nous occupons, au contraire, d'un acte quelconque, d'une vente, par exemple, qui ne leur nuit pas toujours (car peut-être trouveront-ils dans le patrimoine de leur débiteur à la place de l'immeuble vendu un prix très-avantageux) et dont ils ne peuvent en droit commun opposer le défaut de transcription. (Art. 3, l. de 1855.)

« Mais, a-t-on dit encore, il est faux de dire
« que les créanciers de la masse n'ont de droit
« réel opposables aux tiers qu'à partir de l'in-
« scription prise par les syndics, car l'article 490
« C. c. que l'on présente comme étant le mode
« de publicité de ce droit n'a pas ce but. Nous
« en trouvons le sens dans l'article 517. Voici le
« cas que ce dernier article prévoit : un concor-
« dat est intervenu entre le failli et ses créan-
« ciers; ils y ont consenti moyennant la promesse
« d'un dividende qui devra leur être payé, et, à
« la suite de cet arrangement, ils ont replacé leur
« débiteur failli à la tête de ses affaires. Dès lors
« le dessaisissement cesse et les actes que fera le
« failli seront opposables à tous ses créanciers;
« les créanciers concordataires vont donc subir
« le concours des créanciers postérieurs et aussi
« de tous ceux envers qui il aura plu au failli

« de s'engager, sans fraude pourtant, même
« après le jugement déclaratif ou depuis la ces-
« sation de ses paiements. Il n'y a plus, en effet,
« de masse, et l'on ne peut plus dire : tel ou tel
« acte est nul relativement à la masse. — Com-
« ment les sauver de cette situation? En auto-
« risant à leur profit la prise d'une inscription
« d'hypothèque sur tous les biens du failli, ce qui
« leur permettra de toucher leur dividende par
« préférence à tous autres créanciers. Et c'est
« justement ce que fait l'article 490, al. 3; l'arti-
« cle 517 le révèle manifestement dans sa for-
« mule : « L'homologation du concordat conser-
« vera à chacun des créanciers sur les immeubles
« du failli l'hypothèque inscrite en vertu du 3° pa-
« ragraphe de l'art. 490.

« Par là on voit l'effet tout spécial de l'arti-
« cle 490; l'inscription qu'il permet n'est donc
« pas une formalité ayant pour but général de
« conserver le droit de préférence accordé à la
« masse des créanciers de la faillite; elle n'a ce but
« qu'au cas de concordat. Elle ne pouvait pas
« l'avoir en dehors de ce cas puisque déjà, par
« suite du dessaisissement et jusqu'au concordat,
« le failli ne peut faire ni aliénations ni constitu-
« tions de droits réels opposables à la masse, et
« que d'un autre côté l'art. 448 dit formellement
« que les hypothèques valablement consenties
« par le failli ne peuvent plus être inscrites après
« le jugement déclaratif. »

Cette objection est assurément très-spécieuse. Mais nous avons montré plus haut que l'inscription de l'art. 490 3° pouvait être utile en dehors même du cas de concordat. Ajoutons de plus qu'en admettant le raisonnement qui précède, on ne voit même pas bien à quoi servirait cette inscription de l'art. 490 3°; s'il ne s'agissait que de conserver un droit de préférence aux créanciers qui faisaient partie de la masse après le concordat, l'homologation du concordat ne suffirait-elle pas? du moment que l'on admet, comme nos adversaires, que la masse a par l'effet du jugement déclaratif un droit réel qui produit son effet indépendamment de toute formalité, on comprend bien encore la disposition de l'art. 517 précité, car il s'agit d'individualiser au profit de chaque créancier le droit de préférence qui appartenait à la masse; mais on ne voit plus l'utilité de l'inscription ordonnée par l'art. 490 3°. Si la masse a un droit réel qui naît conservé, selon l'expression de nos adversaires, qui n'est soumis à aucune formalité, pourquoi l'art. 490 exige-t-il une inscription?

Ainsi, selon nous, avant que les créanciers aient pris l'inscription requise par l'article 490, ils ne peuvent opposer le défaut de transcription parce qu'ils ne sont pas « *des tiers ayant acquis un droit réel et l'ayant conservé conformément aux lois.* » — Mais une fois cette inscription prise, il y a à leur profit une véritable hypothèque (nous l'avons admis) régulièrement conservée; la masse est tout à fait dans les termes de l'article 3 de la loi de 1855; elle pourra exercer son droit d'hypothèque à l'encontre de l'acheteur de l'immeuble du failli qui n'aura pas encore fait transcrire.

# CHAPITRE VII.

### EFFETS DU JUGEMENT DÉCLARATIF QUANT A LA PERSONNE DU FAILLI.

Quoique cette question ne soit pas comprise dans les articles du Code de commerce qui se trouvent sous la rubrique « des effets du jugement déclaratif de faillite », nous avons voulu néanmoins l'indiquer afin de compléter notre étude.

Nous divisons ce chapitre en deux sections. Dans la première nous énumérerons les incapacités qui frappent le failli. Dans la seconde nous nous occuperons de l'influence du jugement déclaratif sur la liberté du failli.

## SECTION I.

### DES INCAPACITÉS QUI FRAPPENT LE FAILLI.

Les incapacités que nous allons énumérer sont la conséquence forcée du jugement déclaratif; elles frappent le failli même dans le cas où il a été déclaré excusable, et elles ne peuvent disparaître que par la réhabilitation ; ce sont :

1° La privation de l'exercice des droits politiques, l'incapacité d'être électeur, éligible, juré, témoin dans les actes. (Const., 22 frimaire an VIII, art. 5. L. 8 fév. 1849, art. 3, n° 8. Décr. 2 fév. 1852, art. 15 17°.)

2° L'interdiction de l'entrée à la Bourse. (Art. 643, C. com.)

3° L'incapacité d'être agent de change ou courtier. Aujourd'hui la profession de courtier de marchandises étant devenue libre par la loi du 18 juillet 1856, il ne reste plus pour le failli que l'incapacité d'être courtier inscrit (v. art. 83, C. c., et 2 de la loi du 18 juillet 1866).

4° L'impossibilité d'être admis à l'escompte par la Banque de France (décr. 18 janv. 1808, articles 50, 51).

## SECTION II.
### DE L'INFLUENCE DU JUGEMENT DÉCLARATIF SUR LA PERSONNE ET LA LIBERTÉ DU FAILLI.

Aux termes de l'article 455 C. c., le tribunal doit, par le jugement déclaratif de faillite, « *ordonner le dépôt de la personne du failli dans la maison d'arrêt pour dettes ou la garde de sa personne par un officier de police ou de justice, ou par un gendarme.* » Cet article dispose en outre « *qu'il ne pourra en cet état être reçu contre le failli d'écrou ou recommandation pour aucune espèce de dettes.* »

Ainsi le failli doit être incarcéré par ordre du tribunal et cependant ses créanciers ne peuvent exercer contre lui la contrainte par corps. C'est qu'en effet le dépôt dont parle l'article 455 précité est tout à fait distinct de la contrainte par corps, et l'on comprend fort bien qu'une fois un com-

merçant déclaré en faillite, on ne puisse plus user
contre lui de cette voie d'exécution. La contrainte
par corps, en effet, n'a qu'un but, c'est de forcer
indirectement le débiteur à payer. Or, après le
jugement déclaratif, le failli par l'effet du dessaisissement a perdu le droit de faire un paiement
valable.

On sait d'ailleurs que la loi du 22 juillet 1867
a supprimé la contrainte par corps en matière civile, commerciale, et contre les étrangers[1]. Mais
cette loi a laissé subsister le dépôt ou la garde de
la personne du failli. Cette mesure a pour but de
s'assurer de la personne du failli pour le cas où des
faits constitutifs de banqueroute seraient reconnus
dans le cours des opérations, de plus afin qu'il
reste à la disposition de ses créanciers pour leur
donner les explications qui peuvent être nécessaires.

---

1. La contrainte par corps existe encore aujourd'hui en matière criminelle, correctionnelle et de simple police pour les condamnations, amendes, restitutions, dommages et intérêts.

Il a été jugé par les Cours de Paris (12 octobre 1837) et de Nancy (21 novembre 1845), que l'article 455 in fine devait s'appliquer aux personnes qui seraient devenues créancières du failli postérieurement au jugement déclaratif, par suite d'un crime ou d'un délit de celui-ci.

Cette décision se comprend fort bien. En effet, quand l'article 455 a été fait, la contrainte par corps était de droit commun, et il ne faut pas perdre de vue cette observation que dans aucun cas la contrainte par corps ne peut avoir de sens contre un failli qui ne peut pas payer, qui n'en a pas le droit.

L'article 456 abrogeant le système rigoureux du Code de 1807 qui voulait que cette mesure fût prise dans tous les cas, apporte un tempérament à la règle que nous venons d'indiquer. « *Lorsque, dit-il, le failli se sera conformé aux articles 438 et 439*[1] *et qu'il ne sera point au moment de la déclaration incarcéré pour dette ou pour autre cause, le tribunal pourra l'affranchir du dépôt ou de la garde de sa personne.* »

Cette disposition de la loi de 1838 a pour but d'engager les faillis à déclarer eux-mêmes leur cessation de paiements. Elle ne s'applique pas aux faillis qui sont déjà en détention, parce que la déclaration dans ce cas cesse d'être volontaire ; un individu déjà incarcéré ne se constituerait en faillite qu'afin de se soustraire à la contrainte par corps. (Rapport de M. Renouard.) M. Pardessus fait remarquer n° 1145 que le tribunal devra dans ce cas ordonner que le failli soit de nouveau écroué en vertu de son jugement ; autrement il pourrait s'entendre avec le créancier qui l'aurait fait empri-

---

1. *Art.* 438. Tout failli sera tenu dans les trois jours de la cessation de ses paiements d'en faire la déclaration au greffe du tribunal de son domicile ; le jour de la cessation de paiements sera compris dans les trois jours....

*Art.* 439. La déclaration du failli devra être accompagnée du dépôt du bilan ou contenir l'indication des motifs qui empêcheraient le failli de le déposer. Le bilan contiendra l'énumération et l'évaluation de tous les biens mobiliers et immobiliers du débiteur, l'état des dettes actives et passives, l'état des profits et pertes, le tableau des dépenses ; il devra être certifié véritable, daté et signé par le débiteur.

sonner antérieurement pour que celui-ci consente à le faire rendre à la liberté. (On sait en effet que l'emprisonnement pour dettes peut toujours cesser par la volonté du créancier qui l'a provoquée.)

L'article 455 in fine nous apprend que la disposition du jugement qui affranchit le failli du dépôt ou de la garde de sa personne pourra toujours, suivant les circonstances, être rapportée, même d'office, par le tribunal de commerce. Par contre, si le failli n'a pas été dispensé de la détention par le jugement déclaratif, il peut l'être par un jugement postérieur, sur la proposition du juge-commissaire ou sur la demande du failli lui-même, le juge-commissaire entendu. Si le tribunal accorde la mise en liberté du failli avec sauf-conduit provisoire, il peut l'obliger à fournir caution de se représenter sous peine de paiement d'une somme que le tribunal arbitrera et qui sera dévolue à la masse. (Art. 472 et 475 C. c.)

Ainsi le failli qui n'a pas été, dès le jugement déclaratif, affranchi du dépôt, peut obtenir un sauf-conduit provisoire. Mais il ne peut plus obtenir sa liberté définitive, tant que la faillite n'est pas clôturée[1].

1. Cass. 26 juillet 1853. Montpellier, 11 mars 1871.

# SECONDE PARTIE.

EFFETS DE LA CESSATION DE PAIEMENTS
OU EFFETS DU JUGEMENT DÉCLARATIF
DANS LE PASSÉ.

La cessation de paiements est un fait bien distinct du jugement déclaratif de faillite : celui-ci la constate et en fixe généralement la date ; quelquefois cette date est déterminée par un jugement postérieur rendu sur le rapport du juge-commissaire. (Art. 441 C. c.)

La loi commerciale a établi pour les actes passés par le failli depuis l'époque déterminée par le tribunal comme étant celle de la cessation de paiements ou quelquefois dans les dix jours précédents un système spécial de nullités tout à fait indépendant de l'application de l'article 1167 du Code civil. Ce sont ces nullités qui constituent ce que l'on désigne sous le nom *d'effets de la cessation de paiement;* cette question ne rentre pas à proprement parler dans notre sujet ; néanmoins, comme selon nous ces nullités ne peuvent être prononcées par les tribunaux que s'il y a eu au préalable déclaration de faillite émanant d'un tribunal de commerce, nous devons les considérer comme des effets indirects ou médiats du jugement déclaratif de faillite, et il nous a paru utile pour compléter notre travail d'esquisser le système de la loi sur le sort des actes faits par le failli pendant le temps qui s'écoule entre la cessation des paiements (ou quelquefois les dix jours qui précèdent) et le jugement déclaratif. (Nous désignerons désormais ce temps par l'expression de *période suspecte*, pour abréger.)

Les articles 446 à 449 du Code de commerce sur les effets de la cessation de paiements ne peuvent, avons-nous dit, être appliqués par les tribunaux civils, que si la faillite a été déclarée auparavant par le tribunal de commerce. Cette proposition est contestée, et il nous faut bien le reconnaître, la jurisprudence s'est souvent prononcée en faveur de l'opinion contraire, dont les partisans invoquent les raisons suivantes : quand un commerçant cesse ses paiements, disent-ils, il se trouve en état de faillite, aux termes de l'article 437 du Code de commerce, sans qu'il soit besoin pour cela d'une constatation faite par le tribunal consulaire. Le jugement déclaratif ne fait que constater un fait préexistant; il attache à l'état de faillite certaines conséquences nouvelles, mais il ne le crée pas. De plus, ajoutent-ils, les articles 446 à 449 du Code de commerce présentent bien clairement les nullités dont ils traitent comme résultant de la cessation de paiements, sans qu'il y soit question du jugement déclaratif de faillite.

Nous ne saurions admettre ce système, et nous

aussi, nous invoquons à l'appui de notre opinion le texte de la loi. Tant que le jugement déclaratif n'est pas prononcé, il peut y avoir cessation de paiements, mais ce fait ne peut produire les effets particuliers attachés par la loi à l'état de faillite. La loi de 1838 en effet a évité partout l'expression « *ouverture de la faillite* » employée au contraire fréquemment dans le Code de 1807; elle distingue soigneusement la cessation de paiements et le jugement déclaratif, et elle attribue formellement à ce dernier certains effets que l'ancienne législation attachait à « *l'ouverture de la faillite* » (V. art. 448. Comp. anc. art. 448 et nouvel art. 444).

Quant à l'argument tiré par les partisans du premier système de l'article 337, il peut être facilement réfuté, si l'on observe qu'après avoir dit que « *tout commerçant qui cesse ses paiements est en état de faillite*, » cet article parle immédiatement de la déclaration de faillite, ce qui montre bien que le 1er alinéa n'a d'autre but que d'apprendre aux tribunaux de commerce à quelles conditions ils pourront prononcer la faillite d'un individu, en leur indiquant ces deux éléments : profession commerciale et cessation de paiements.

Enfin, le texte même des articles 446 à 449 ne prouve rien contre nous; bien au contraire, en effet, il est dit dans l'article 446 : « *Sont nuls et sans effet, relativement à la masse, lorsqu'ils au-*

*ront été faits* » *par le débiteur*, depuis l'époque déterminée par le tribunal, comme étant celle de la cessation de paiements.... Or, quel est le tribunal qui détermine l'époque de la cessation de paiements? Soutiendra-t-on que ce pourrait être un tribunal civil devant lequel une action en nullité serait portée? — Évidemment non, car l'article 440 vient de nous apprendre un peu plus haut que la faillite doit être déclarée par le tribunal de commerce, et l'article 441, que la date de la cessation de paiements doit être fixée par le jugement déclaratif ou par un jugement postérieur rendu sur le rapport du juge-commissaire. Il n'est pas croyable que les rédacteurs de la loi de 1838 aient oublié, en rédigeant l'article 446, ce qu'ils venaient de dire dans les articles 440 et 441.

Ajoutons encore que les nullités dont il s'agit ne sont prononcées qu'en faveur de la masse, aux termes des articles indiqués. Or, tant que la faillite n'a pas été déclarée, il n'y a pas de masse[1].

Ainsi, pour nous, la faillite d'un commerçant ne peut être déclarée que par le tribunal de commerce, et, tant que ce tribunal ne l'a pas prononcée, les effets de la cessation de paiements, déterminés par les articles 446-449, ne peuvent se produire, les nullités édictées par ces articles ne peuvent être prononcées par les tribunaux civils.

1. En ce sens Delamarr et Lepoitvin, t. vi, n° 26. Massé, t. ii, n°° 1166 et 1167. Demangeat sur Bravard, p. 66, note 2. Massé, t. ii, n°° 1166 et 1167. Boistel, 687.

Ceci posé, nous commençons l'étude des effets de la cessation de paiements : nous supposerons bien exactement déterminée, ainsi que nous l'avons dit tout au commencement de notre travail, l'époque de cette cessation; les difficultés que soulève cette détermination nous entraîneraient bien au delà des limites de notre sujet.

Le premier document relatif à la théorie des nullités spéciales, résultant de l'état de cessation de paiements d'un commerçant, est un règlement introduit, en 1667, par les commerçants de la ville de Lyon et portant « *que toutes cessions et transports sur les effets du failli seront nuls, s'ils ne sont pas faits dix jours au moins avant la faillite publiquement connue.* Ce règlement particulier pour la ville de Lyon fut homologué par un arrêt du Conseil du 7 juillet 1667.

Nous voyons ensuite, dans l'ordonnance de 1673 (Tit. 11, art. 4), la disposition suivante : « *Déclarons nuls tous transports, cessions et donations de biens meubles et immeubles faits en fraude des créanciers. Voulons qu'ils soient rapportés à la masse commune des effets.* »

Une controverse existe sur le point de savoir si cette disposition de l'ordonnance ne faisait qu'appliquer le Droit romain et les principes de l'action Paulienne, ou si elle établissait une nullité de plein droit non subordonnée à la preuve de la fraude ?

Nous nous déciderons avec M. Bravard dans ce

dernier sens; — en effet, comme le dit cet auteur, cette disposition eût été inutile, si elle n'eût fait que reproduire la théorie du droit commun. D'autre part, une déclaration de 1702 fit cesser toute incertitude sur le caractère des nullités en question, et il y a lieu de croire que cette déclaration n'entendait pas innover sur ce point, mais simplement trancher les débats que pouvait faire naître la rédaction ambiguë de l'art. 4 du tit. 11 de l'ord. de 1673, en présence de cette dernière phrase : « *Voulons et entendons, en outre, que notre édit du mois de mars 1673 demeure dans sa force et vertu et soit exécuté selon sa forme et teneur.* »

La déclaration de 1702 complète, en outre, le système inauguré par le règlement de 1667, en s'occupant des constitutions d'hypothèques :

« .... *Déclarons et ordonnons que toutes cessions et transports sur les biens des marchands qui feront faillite seront nuls et de nulle valeur, s'ils ne sont faits dix jours au moins avant la faillite publiquement connue; comme aussi que les actes et obligations qu'ils passeront par-devant notaire au profit de quelques-uns de leurs créanciers ou pour contracter de nouvelles dettes, ensemble les sentences qui seront rendues contre eux n'acquerront aucune hypothèque ni préférence sur les créanciers chirographaires, si lesdits actes et obligations ne sont passés, et si lesdites senten-*

*ces ne sont rendues pareillement dix jours avant la faillite publiquement connue.* »

Quoi qu'il en soit et quelque opinion qu'on adopte sur la question posée plus haut relativement à l'ordonnance de 1673, les dispositions de la déclaration de 1702, que nous venons de mentionner, ont été à peu près reproduites dans les articles 443 et 447[1] du Code de 1807, d'après lequel les nullités dont nous parlons devaient s'appliquer seulement dans les dix jours précédant la cessation des paiements, puisque le dessaisissement datait alors de la cessation de paiements te non du jugement déclaratif. Le point de départ des nullités de plein droit n'étant plus, comme d'après la déclaration de 1702, la notoriété de

---

1. *Code de* 1807. — Art. 443. Nul ne peut acquérir privilége ni hypothèque sur les biens du failli, dans les dix jours qui précèdent l'ouverture de la faillite.

*Art.* 444. Tous actes translatifs de propriétés immobilières, faits par le failli à titre gratuit dans les dix jours qui précèdent l'ouverture de la faillite, sont nuls et sans effets relativement à la masse des créanciers. Tous actes du même genre à titre onéreux sont susceptibles d'être annulés sur la demande des créanciers s'ils paraissent aux juges porter des caractères de fraude.

*Art.* 445. Tous actes ou engagements pour faits de commerce contractés par les débiteurs dans les dix jours qui précèdent l'ouverture de la faillite sont présumés frauduleux quant au failli. Ils sont nuls lorsqu'il est prouvé qu'il y a fraude de la part des autres contractants.

*Art.* 446. Toutes sommes payées dans les dix jours qui précèdent l'ouverture de la faillite pour dettes commerciales non échues sont rapportées.

*Art.* 447. Tous actes ou paiements faits en fraude des créanciers sont nuls.

la faillite, mais l'ouverture de la faillite, établie par des indices matériels, ainsi que le fait justement observer M. Bravard. Nous trouvons de plus, comme différence séparant le Code de 1807 de l'ordonnance de 1702, la distinction entre les actes translatifs de propriété à titre onéreux et les actes de même nature à titre gratuit. Enfin, l'article 444 de ce Code consacrant la jurisprudence antérieure déclare que les nullités dont il s'agit « existent à l'égard de la masse. » Elles ne peuvent donc pas être invoquées par le débiteur.

Nous pouvons, après ce rapide aperçu de la législation antérieure, aborder l'explication de la législation actuelle sur les effets de la cessation de paiements, c'est-à-dire les articles 446 à 449 du nouveau Code de commerce (loi de 1838). La loi nouvelle a l'avantage d'être plus précise et plus juste que le Code de 1807. Les effets du dessaisissement, on le sait, datent aujourd'hui seulement du jour du jugement déclaratif de faillite et non plus de la cessation de paiements. On a donc à se préoccuper du sort des actes faits entre la cessation de paiements et le jugement déclaratif.

Il y a aujourd'hui, en matière de faillite, trois périodes à distinguer :

1° La période antérieure à la cessation de paiements (ou aux dix jours qui la précèdent, dans certains cas). — Dans cette période, les actes que fait le débiteur sont valables en principe, sauf l'application de l'article 1167 du Code civil, s'il y a lieu;

2° La période suspecte, qui commence au jour de la cessation de paiements (ou dix jours auparavant) et qui finit au jour du jugement déclaratif.

Dans cette période, outre l'application de l'article 1167 du Code civil, qui est de droit commun, certains actes sont réputés nuls de plein droit par la loi. D'autres peuvent être annulés par les tribunaux plus facilement qu'en droit commun ;

3° La période qui suit le jugement déclaratif ; alors se produit le dessaisissement et, avec lui, toutes les conséquences que nous avons étudiées.

La loi de 1838 établit suivant la nature des actes et des différentes circonstances dans lesquelles ils ont été faits, trois catégories de nullités :

1° Celles que le tribunal doit nécessairement prononcer en faveur de la masse et à la requête des syndics qui la représentent (art. 446). On les appelle généralement nullités de droit ;

2° Celles que le tribunal peut prononcer dans l'intérêt de la masse lorsqu'il est démontré que les tiers qui ont traité avec le failli connaissaient l'état de cessation de paiements (art. 447) ;

3° Enfin celles pour lesquelles le tribunal a un pouvoir d'appréciation absolu (448, 2° al.).

Nous allons étudier successivement ces trois catégories de nullités dans trois sections différentes.

## SECTION I.

#### DES ACTES NULS DE DROIT.

L'article 446 déclare nuls de plein droit à l'égard de la masse parmi les actes du failli les plus suspects, ceux qui portent plus ou moins en eux le caractère d'une libéralité, soit qu'ils aient pour effet de nuire aux créanciers en faisant sortir une valeur des biens qui forment leur gage, soit qu'ils aboutissent à avantager quelques-uns d'entre eux au détriment des autres.

Le juge n'a aucun pouvoir discrétionnaire. Les actes dont il s'agit sont tout aussi nuls, quand ils sont faits depuis la cessation des paiements ou dans les dix jours qui précèdent que ceux que pourrait faire le failli après le jugement déclaratif. La présomption de la loi est absolue; les créanciers n'ont à prouver ni qu'il y a libéralité, ni que leur débiteur a été de mauvaise foi; la mauvaise foi est ici présumée sans qu'on puisse chercher à prouver le contraire; et cela est assez juste, car on ne peut pas raisonnablement admettre qu'un commerçant qui a cessé ses paiements ou qui est sur le point de les cesser dans quelques jours ne sache pas qu'il nuit à ses créanciers en faisant un des actes dont il est parlé dans notre article 446. — Il n'y a pas non plus à prouver que les tiers avec qui le failli a traité ont été conscii fraudis, et en cela il n'est pas dérogé au droit commun; du moment, en effet, qu'il s'agit d'actes à titre gratuit ou réputés tels, l'action peut être dirigée même en droit commun contre les tiers de bonne foi.

Ainsi il suffit, pour que le juge puisse et doive prononcer la nullité, que l'acte attaqué rentre dans l'énumération de l'article 446 et qu'il ait été fait dans la période suspecte.

La nullité dont il s'agit, nous l'avons déjà fait remarquer, ne peut être invoquée que par la masse, et non par le failli[1]. (Arrêt de rejet, 15 juillet 1857. — Orléans, 16 juin 1852. — Caen, 17 juillet 1861.)

Voyons maintenant quels sont les actes soumis à la disposition de l'art. 446. Cet article est ainsi conçu :

« *Sont nuls et sans effet relativement à la
« masse, lorsqu'ils auront été faits par le débi-
« teur depuis l'époque déterminée comme étant
« celle de la cessation de paiements ou dans les
« dix jours qui auront précédé cette époque :*

« *Tous actes translatifs de propriétés mobi-
« lières ou immobilières, à titre gratuit;*

« *Tous paiements, soit en espèces, soit par
« transport, vente, compensation ou autrement,
« pour dettes non échues et pour dettes échues,
« tous paiements faits autrement qu'en espèces ou
« effets de commerce;*

« *Toute hypothèque conventionnelle ou judi-*

---

1. Arrêt de rejet, 15 juillet 1857. — Orléans, 16 juin 1852. Cass., 17 juillet 1861.

« ciaire et tout droit d'antichrèse ou de nantisse-
« ment constitués sur les biens du débiteur pour
« dettes antérieurement contractées. »

Ainsi, cet article annule trois espèces d'actes :
1° les donations; 2° certains paiements; 3° les
constitutions d'hypothèque d'antichrèse ou de
nantissement pour dettes antérieurement contractées. Parcourons ces différents actes.

1° *Donations*. Le Code de commerce de 1807 ne
parlait que des donations immobilières, et en conséquence, il y avait controverse sur le point de
savoir s'il fallait étendre la solution aux donations
mobilières. La loi actuelle ne laisse pas de doute
à cet égard, puisqu'elle parle de translations de
propriétés mobilières ou immobilières. Mais cette
rédaction soulève encore une autre question :
quid si le commerçant a fait dans la période
suspecte des libéralités sans transférer de propriété? Ne peut-on pas, en effet, contracter une
obligation sans cause lucrative envers une personne, faire des remises de dettes, donner à quelqu'un un droit d'usufruit ou de servitude ou renoncer à l'un de ces droits en faveur d'une
personne? — On s'accorde à dire que ces actes
tombent sous le coup de la nullité édictée par
l'article 446. Cette interprétation se justifie, et
par les motifs généraux que nous avons indiqués
et par l'argument a contrario que l'on peut tirer
de l'article 447. Cet article que nous étudierons
dans la prochaine section ne parle que des actes

à titre onéreux, ce qui indique clairement que pour tout ce qui se rapporte aux actes à titre gratuit, il faut recourir à l'article précédent, à notre article 446. Autrement la loi serait plus sévère pour les actes à titre onéreux que pour les actes à titre gratuit non translatifs de propriété, car si ceux-ci n'étaient soumis ni à l'article 446 ni à l'article 447, ils ne pourraient être attaqués qu'en vertu de l'article 1167 du Code civil, sous les conditions ordinaires de l'action Paulienne.

Les donations, on le sait, doivent être expressément acceptées par le donataire; mais il n'est pas nécessaire que cette acceptation soit faite dans l'acte même qui contient l'offre du donateur. Elle peut être faite par acte authentique postérieur. « Mais alors, dit l'article 932 C. N., la donation n'aura d'effet à l'égard du donateur que du jour où cette acceptation lui aura été notifiée. » C'est donc la notification de cette acceptation qui seule dépouille définitivement le donateur. On peut donc dire que c'est cette notification qui constitue l'acte translatif de propriété. Nous déciderons donc que la donation faite avant la période suspecte, mais acceptée par le donataire après la cessation de paiements du donateur ou dans les dix jours précédents, doit être déclarée nulle en vertu de l'article 446 du Code de commerce; il en serait de même d'une donation acceptée avant la période suspecte si la notification de cette acceptation n'avait été faite qu'après la cessation de paiements du donateur ou dans les dix jours précédents [1].

La constitution de dot faite par le failli depuis la cessation des paiements ou dans les dix jours précédents tombe-t-elle sous le coup de l'article 446? — Cette question est très-controversée et la jurisprudence a varié sur ce point.

2° *Paiements*. — Notre article déclare d'abord nuls de droit tous les paiements pour dettes non échues sous quelque forme qu'ils aient eu lieu, puis certains paiements pour dettes échues. Examinons ces deux cas.

A. *Paiements pour dettes non échues*. — Une dette n'est échue que lorsque le paiement peut être exigé en justice par le créancier. Le paiement d'une dette non échue constitue une renonciation au bénéfice du terme; c'est là un premier avantage que le débiteur procure à son créancier. De plus, dans la situation que nous étudions, alors que la faillite est imminente, il est naturel de croire que le débiteur a pour but d'assurer à l'un de ses créanciers un paiement intégral, tandis que les autres ne toucheront qu'un dividende.

B. *Paiements pour dettes échues*. — Ici la loi est moins sévère; elle déclare nuls de plein droit, non plus tous les paiements, mais seulement ceux

[1]. Demangeat sur Bravard, p. 210, note 1, al. 2. Bédarride, t. 1, n° 108. Dalloz, n° 270, V. Faillite.

faits autrement qu'en espèces ou effets de commerce.

Il n'est pas absolument nécessaire, pour que le paiement d'une dette échue ne soit pas nul de droit, qu'il s'agisse d'un paiement en espèces ou effets de commerce; si l'objet de la dette est autre chose que de l'argent, le débiteur peut s'acquitter par la prestation de la chose due. Si la loi a parlé d'espèces et d'effets de commerce, c'est parce que les dettes d'argent sont les plus ordinaires. Ainsi, un commerçant peut exécuter une vente à livrer, même lorsque les marchandises n'ont pas été déterminées in specie (ce qui implique que la propriété ne sera transférée que par la livraison[1]), et il en serait ainsi, même si la vente avait été faite dans la période suspecte, sauf l'application de l'article 447; la vente, en effet, est un contrat à titre onéreux. Les matières premières remises à un commerçant par un de ses clients pour être travaillées, pourraient dans les mêmes conditions lui être rendues[2].

Ce que la loi prohibe ici, c'est la datio in solutum, c'est-à-dire le fait de s'acquitter envers un créancier autrement que par le paiement de la chose même qui est due. Notre article est donc plus rigoureux pour les dations en paiement que pour les paiements, et cela se comprend. Quoi de

1. Req. 31 mars 1868.
2. Lyon, 31 décembre 1847. Boistel, Précis de droit commercial, t. 1, p. 668.

plus naturel, en effet, que de se libérer d'une dette échue en donnant au créancier ce qu'on lui doit? Un tel acte ne peut éveiller aucun soupçon de fraude. Si, au contraire, le débiteur offre au créancier une chose autre que celle qui fait l'objet de l'obligation et que celui-ci l'accepte, il peut très-bien se faire que la valeur de la chose ainsi donnée en paiement soit plus élevée que celle de la chose due ou que la somme qui faisait l'objet de l'obligation. Et, d'ailleurs, le fait même d'offrir un objet quelconque au lieu de la somme ou de la chose due, n'a-t-il pas quelque chose d'insolite qui doit donner à réfléchir au créancier et lui révéler, en quelque sorte, la situation embarrassée de son débiteur? Le paiement proprement dit, au contraire, ne doit-il pas exclure toute idée de gêne de la part de ce débiteur?

La datio in solutum que la loi prohibe dans la période suspecte pour les dettes échues, et à plus forte raison pour les dettes non échues, peut se présenter sous des aspects divers; l'article 446 contient à ce sujet l'énumération de différents actes auxquels il donne les noms de *paiements par transport, par vente, par compensation*, et il déclare ces actes nuls, qu'ils s'appliquent à des dettes échues ou à des dettes non échues. Arrêtons-nous sur ces expressions qui sont peu juridiques et qui méritent quelques explications.

*Paiements par transport.* — Les cas de *paiement par transport* sont très-nombreux. Bornons-nous à indiquer les plus ordinaires. Il y a paiement par transport quand le débiteur transporte à son créancier une créance qu'il a contre un tiers; ce transport peut s'opérer par délégation ou par cession. Pour la cession, nous dirons qu'elle est valable si elle a été faite avant les dix jours précédant la cessation de paiements, encore qu'elle n'ait point été avant cette époque signifiée au cédé, ou acceptée par celui-ci conformément à l'art. 1690. L'article 446 annule, en effet, certains actes faits par le débiteur; elle établit contre eux une présomption de fraude qui n'admet pas de preuve contraire; or, dans le cas que nous examinons, la cession seule est l'œuvre du futur failli; la signification ou l'acceptation n'est qu'une formalité extrinsèque étrangère au cédant[1].

*Paiements par vente.* — Ce que notre art. 446 veut désigner par cette expression « paiement par vente, » c'est une dation en paiement consistant dans la transmission de propriété d'un meuble ou d'un immeuble au profit d'un créancier. Le créancier ainsi payé sera tenu de rapporter à la masse les objets qu'il aura reçus en paiement (souvent il s'agira de marchandises), ou à défaut, leur valeur en argent. Il ne pourrait pas forcer la masse dans le cas où il aurait reçu des marchandises, à en recevoir d'autres de la même espèce[2].

1. Bravard, t. v, p. 228. Contrà, Bédarride t. 1, n°ˢ 113 et s. Renouard, t. 1, p. 378 et s.
2. Bordeaux, 13 mai 1868.

*Paiements par compensation.* — Notre article parle encore de paiements par compensation. Il ne s'agit pas ici de la compensation légale qui a lieu de plein droit, par l'autorité de la loi au sujet de laquelle par conséquent il ne saurait être question de fraude. L'espèce prévue est celle-ci : un commerçant qui est sur le point de cesser ses paiements ou qui les a déjà cessés, Primus doit 1000 francs à Secundus; cette dette est liquide et exigible. Secundus, de son côté, est débiteur de Primus; mais sa dette n'est pas liquide ou bien elle n'est pas exigible. Primus convient, avec Secundus, que celui-ci sera libéré de sa dette à la condition qu'il ne lui demandera pas à lui-même le paiement de la sienne.

Après cette énumération que nous venons de parcourir et d'expliquer, l'article 446 ajoute ces mots : « *ou autrement,* » qui indiquent qu'elle n'est pas limitative; ainsi, dans le cas où un commerçant a acheté des marchandises qui lui ont été livrées, s'il les rend au vendeur pour se libérer, ne pouvant payer, il y aura là un paiement par résolution qui donnera ouverture à l'application de l'article 446 s'il est fait dans la période suspecte[1].

Les paiements pour dettes échues sont valables, avons-nous dit d'après l'article 446, lorsqu'ils sont faits en espèces ou en effets de commerce.

---

1. Bravard, t. v, p. 233.

Or, un paiement en effets de commerce n'est autre chose qu'un transport de créance. D'où vient donc cette faveur exceptionnelle pour l'effet de commerce? L'idée de la loi est que les effets doivent être considérés comme une véritable monnaie commerciale, comme tout à fait équivalents à de l'argent dans les usages commerciaux.

Donc, les motifs pour lesquels notre article annule ordinairement la dation en paiement, et que nous avons exposés plus haut, n'existent pas ici. Observons particulièrement que les effets de commerce ayant une valeur nominale, il est facile de voir si le débiteur donne à son créancier plus que le montant de sa dette.

Les lettres de change, les billets à ordre sont des effets de commerce; mais doit-on comprendre sous cette dénomination d'autres titres que ceux-là? Un certain nombre d'hypothèses peuvent se présenter à ce sujet. La question s'est posée notamment pour les récépissés et les warrants. La Cour de cassation s'est prononcée, par un arrêt du 7 mars 1866, en faveur de la négative par les motifs suivants : la cession du récépissé valant transmission de propriété des marchandises déposées dans les magasins généraux, le paiement d'une dette échue faite par le déposant failli depuis la cessation de paiements ou dans les dix jours précédents, à l'aide d'une cession de récépissé, est un véritable paiement en marchandises et non en effets de commerce. D'un autre côté, le transport du warrant confère au cessionnaire un droit de gage sur les marchandises; or, aux termes de l'article 446, in fine, toute constitution de gage pour une dette antérieure est nulle de droit, comme nous allons le voir.

3° *Hypothèques, droits d'antichrèse et de nantissement pour dettes antérieurement contractées.*

La déclaration de 1702 et le Code de 1808 (art. 443) déclaraient nulle de plein droit toute hypothèque constitutionnelle ou judiciaire qui ne remontait pas à dix jours avant la faillite notoirement connue, et la jurisprudence avait étendu cette disposition aux hypothèques légales et aux priviléges. Ce système avait le tort d'être trop absolu et de ne pas distinguer le cas où un créancier qui n'avait d'abord demandé aucune garantie s'était fait accorder depuis la cessation de paiements une hypothèque, et celui où l'hypothèque ayant été constituée en même temps que la dette était née, on pouvait dire que le créancier n'aurait pas contracté sans cette sûreté. La convention des parties se trouvait dans ce dernier cas mutilée, les obligations du contrat subsistant telles quelles et l'hypothèque étant annulée, en d'autres termes, le créancier restant soumis à des conditions qu'il n'avait acceptées qu'en considération de l'hypothèque qu'on lui enlevait. De plus, le crédit des commerçants était ainsi singulièrement diminué, car lorsqu'ils demandaient à emprunter, on était naturellement disposé à les croire gênés dans leurs affaires, et à craindre par suite qu'une cessation de paiements prochaine ne vînt rendre nulles les hypothèques qu'ils pourraient consentir.

La loi de 1838 donnant satisfaction aux justes réclamations qui s'étaient produites contre le système antérieur, a consacré la distinction entre le cas où l'hypothèque est constituée par le contrat même d'où résulte la dette qu'elle garantit, et celui où elle est consentie après coup pour une dette préexistante; dans ce dernier cas seulement, elle est nulle de droit : dans le premier, elle suit le sort du contrat qui ne sera annulé que conformément au droit commun, s'il y a lieu. Il en est de même des droits d'antichrèse et de nantissement.

Notons toutefois que cette distinction ne s'appliquerait plus si ces sûretés étaient consenties par le débiteur, non pour sa propre dette, mais pour celle d'autrui. Il y aurait là un acte d'intervention à titre gratuit qui tomberait dans tous les cas sous le coup de l'article 446, 1er alinéa.

Certains auteurs ont voulu donner aux mots : « *pour dettes antérieures contractées* » un sens autre que celui que nous avons indiqué; selon eux ils signifieraient « *pour dettes contractées avant la cessation de paiements ou dans les dix jours précédents.* » — Cette idée, qui d'ailleurs ne repose sur aucun fondement, a été formellement repoussée lors de la discussion de la loi de 1838[1].

1. V. à ce sujet le rapport de M. Quénault.

Notre article dit : « *toute hypothèque conventionnelle ou judiciaire.* » Il ne s'applique donc pas aux hypothèques légales; en effet il faut, pour que l'hypothèque soit nulle de plein droit, qu'elle ait été constituée par un acte postérieur à la naissance de la créance; or l'hypothèque légale étant une conséquence de la qualité même de la créance, prend forcément naissance en même temps qu'elle.

En ce qui concerne les hypothèques judiciaires, la disposition de la loi est moins logique; en effet ces hypothèques diffèrent en un point essentiel des hypothèques conventionnelles; tandis que celles-ci peuvent être constituées par le contrat même d'où résulte la créance, celles-là sont toujours nécessairement constituées par un acte postérieur, puisqu'elles résultent des jugements et actes judiciaires. Or les tribunaux ne font que constater et sanctionner des droits préexistants; l'hypothèque judiciaire sera donc toujours constituée, comme nous venons de le dire, pour une dette antérieurement contractée. La distinction faite par l'article 446 *in fine*, quoiqu'elle semble d'après ses termes s'appliquer aux hypothèques judiciaires, leur est forcément étrangère. Elles seront donc toujours nulles de droit, du moment qu'elles résulteront de jugements rendus depuis la cessation de paiements ou dans les dix jours précédents[1].

1. Bravard, t. V, p. 244.

Cette doctrine, qui ressort forcément des termes de l'article 446, peut amener dans la pratique des conséquences très-fâcheuses. Si l'on suppose que deux créanciers ont intenté en même temps, chacun de leur côté, une demande contre un commerçant, et que les jugements sur ces deux demandes soient prononcés à quelques jours d'intervalle, l'un avant, l'autre pendant la période suspecte, l'un de ces créanciers aura désormais une hypothèque qui garantira sa créance, tandis que l'autre n'en aura pas. — Ce résultat est très regrettable et tout à fait contraire au principe d'égalité entre les créanciers, qui existe en matière de faillite. Il peut se faire en effet que l'une des demandes ait été portée devant un tribunal civil, l'auter devant un tribunal de commerce où la procédure est généralement plus expéditive, ou que le rôle de l'un des tribunaux soit plus chargé que celui de l'autre, etc. Telles sont les circonstances tout à fait fortuites qui feront que l'une des demandes pourra recevoir une solution plus prompte que l'autre.

L'article 446 parle ensuite du droit d'antichrèse; le Code de 1807 n'en parlait pas. C'est avec raison que la loi de 1838 a comblé cette lacune, car l'antichrèse, quoique ne donnant pas de droit de préférence sur le prix de l'immeuble qu'elle affecte, est un droit très-nuisible à la masse, puisqu'elle empêche de faire vendre cet immeuble avant d'avoir désintéressé l'antichrésiste, et que celui-ci peut percevoir les fruits en les imputant sur sa créance.

Enfin nous trouvons dans notre article l'expression de nantissement; elle n'est pas tout à fait exacte ici; il s'agit évidemment du nantissement d'un meuble par opposition à celui d'un immeuble qui n'est autre que l'antichrèse, dont il vient d'être parlé. C'est le mot gage que la loi aurait dû employer, celui de nantissement étant un terme générique qui s'applique indistinctement aux meubles et aux immeubles.

Les priviléges ne sont pas compris d'une manière générale dans l'énumération de notre article (cela se comprend puisqu'ils sont attachés à la qualité de la créance et naissent avec elle); et sauf l'application de l'article 447 à la créance qu'ils garantissent, ils peuvent valablement naître dans la période suspecte. — Il n'en est pas de même, comme on le voit, du privilége du créancier gagiste. Cela vient de ce que ce privilége a un caractère spécial. Il peut être constitué à raison de quelque créance que ce soit; il peut donc naître dans le but de garantir une créance préexistante. De plus, si l'on suppose deux créanciers au profit desquels le débiteur a constitué successivement un droit de gage sur le même objet qui a été remis entre les mains d'un tiers convenu, si le prix de cet objet n'est pas suffisant pour les désintéresser tous les deux, la préférence se réglera entre eux d'après le principe « prior tempore potior jure. »

comme entre créanciers hypothécaires. Celui des deux sera préféré qui le premier aura fait donner date certaine à son titre. Ne peut-on pas dire ainsi qu'il y a, par un certain côté, pour ce privilége une plus grande analogie avec les hypothèques qu'avec les autres priviléges [1].

Insistons sur les conditions nécessaires pour qu'une constitution de gage échappe à la nullité de droit de l'article 446. Supposons d'abord que le gage porte sur un objet corporel : il faut que l'acte ait acquis date certaine avant les dix jours qui précèdent la cessation de paiements. Faut-il de plus qu'avant la même époque la chose ait été remise au créancier ou au tiers convenu (2076, C. N.)? — Non, cela n'est pas nécessaire. Nous dirons avec M. Demangeat que cette remise de l'objet constitue le paiement en nature d'une dette échue, et que par conséquent elle n'est qu'annulable aux termes de l'article 447 et non pas nulle de droit. — S'il s'agit non plus d'un objet corporel, mais d'une créance engagée après coup par un commerçant pour sûreté d'une dette déjà existante, il faut encore que l'acte constitutif de ce gage ait date certaine antérieure à la période suspecte. Faut-il de plus que ce transport en garantie ait été signifié au débiteur avant la même époque? — Cette question est controversée. — Nous admettons la négative; — l'article 446 ne

---

[1]. V. pour le gage commercial la loi du 23 mai 1863.

s'occupe en effet que des actes consentis par le commerçant dont la faillite est imminente. Or la signification n'est pas faite par le failli. Elle n'est qu'une formalité extrinsèque. Cette doctrine a d'ailleurs été consacrée par la Cour de cassation [1].

Nous avons toujours supposé qu'il s'agissait de droits d'hypothèque d'antichrèse ou de gage constitués par un commerçant depuis la cessation de ses paiements ou dans les dix jours précédents; notre article n'annule pas les sûretés qui seraient accordées à l'un des créanciers de ce commerçant par un tiers sur ses propres biens.

Devrait-on déclarer les sûretés dont nous parlons nulles de droit, aux termes de l'article 446, si au moment où elles avaient été constituées la dette était déjà échue? — Oui. — La loi ne distingue pas. Il y a là d'ailleurs la même raison de décider que pour la datio in solutum faite dans le but d'éteindre une dette échue, car le fait d'offrir une sûreté au lieu du paiement indique bien aussi clairement que la datio in solutum sinon plus, une situation gênée chez le débiteur. On a toutefois critiqué la loi sur ce point. Dans un cas comme dans l'autre, a-t-on dit, l'article 446 est trop rigoureux pour le cas où les actes en question (datio in solutum, constitution d'hypothèque, de gage ou d'antichrèse) ont été faits dans les

1. Rejet, 19 juin 1848. Demangeat sur Bravard. T. V, p. 248, note 2.

dix jours précédant la cessation de paiements. On ne peut pas dire alors qu'ils font nécessairement présumer chez le créancier la connaissance de la cessation de paiements puisque ce fait n'existe pas encore. La loi traite ici le créancier aussi rigoureusement qu'un donataire. Il eût peut-être mieux valu établir une distinction. — Tout en reconnaissant la finesse de cette critique, nous ne nous y associerons pas; en effet, il peut paraître bien illogique de supposer que le créancier connaît un fait qui ne se produira que dans quelques jours; mais qu'importe qu'il y ait ou non cessation de paiements, selon le sens juridique de cette expression; les actes dont il s'agit indiquent une situation gênée chez le débiteur; ils montrent clairement que la faillite est imminente; cela justifie suffisamment la rigueur de la loi.

Observons enfin, pour terminer ce qui concerne l'article 446, que les termes absolus dont il se sert : « *sont nuls et sans effet,* » etc., indiquent une nullité radicale. Cette nullité peut donc être opposée non seulement à ceux avec qui le débiteur a traité et à leurs ayants cause à titre universel, mais même à leurs ayants cause à titre particulier, sans qu'il y ait à tenir compte de leur bonne foi, excepté s'il s'agit d'un meuble corporel, auquel cas il pourrait y avoir lieu à l'application de la règle de l'article 2279 : « *en fait de meubles, possession vaut titre.* » — Il faut donc dire que les nullités de l'article 446 sont absolues quant aux personnes à qui elles peuvent être opposées, relatives quant à ceux qui peuvent les invoquer, car elles ne sont établies « *qu'en faveur de la masse* », nous l'avons déjà vu.

## SECTION II.

#### DES ACTES ANNULABLES.

Nous passons maintenant à l'étude de la seconde classe de nullités, c'est-à-dire à l'explication de l'article 447 du Code de commerce qui est ainsi conçu :

*Tous autres paiements faits par le débiteur pour dettes échues et tous autres actes à titre onéreux par lui passés après la cessation des paiements et avant le jugement déclaratif de faillite pourront être annulés, si de la part de ceux qui ont reçu du débiteur et qui ont traité avec lui ils ont eu lieu avec connaissance de la cessation de ses paiements.*

Rapprochons successivement cet article :

1° De l'article 446 que nous venons d'étudier;

2° De l'article 1167 du Code civil relatif à l'exercice de l'action Paulienne.

Il y a entre les nullités de l'article 447 et celles de l'article 446 les différences suivantes :

1° Les nullités de l'article 447 ne peuvent être prononcées qu'autant qu'il y a eu de la part des tiers connaissance de la cessation de paiements de celui avec qui ils ont traité. De là deux conséquences : d'abord, il est évident qu'elles ne peuvent s'appliquer qu'à des actes passés depuis la cessation de paiements et non à ceux passés dans les dix jours précédents. — De plus, le tiers actionné en vertu de l'article 447 à l'effet de rendre ce qu'il tient du failli doit toujours les fruits et intérêts à dater du jour où il a reçu, puisqu'il est nécessairement de mauvaise foi. Dans le cas de l'article 446 au contraire il y a à examiner si le défendeur est de bonne ou de mauvaise foi ; dans le premier cas il doit les fruits et intérêts du jour de la demande en justice ; dans le second, du jour où il a reçu la chose.

2° Dans le cas de l'article 446, le juge n'a aucun pouvoir d'appréciation ; il doit nécessairement prononcer la nullité. — En ce qui concerne au contraire les nullités de l'article 447, il a une certaine liberté et il peut quelquefois laisser subsister l'acte attaqué. C'est ce qu'indique le mot « *pourront* » qui se trouve dans cet article et qui n'y a été définitivement laissé qu'après une longue discussion. Ainsi, en admettant qu'il soit prouvé que le tiers connaissait l'état de cessation de paiements du commerçant avec qui il a traité, au moment où il a conclu l'acte attaqué, le juge pourra refuser de prononcer la nullité si cet acte n'a pas causé de préjudice à la masse [1] ; de plus, il doit examiner, non seulement si le préjudice existe, mais encore si l'acte a été influencé par l'exis-

---

1. V. la discussion de la loi de 1838. Séance de la Chambre des députés, du 30 mars.

tence de la cessation de paiements. Si cet acte, quoique ayant en dernière analyse un résultat fâcheux pour les affaires du failli, a été fait d'une façon parfaitement normale, conforme aux habitudes du commerce, il n'y a aucune raison spéciale de l'annuler[1]. La cour suprême a cassé des décisions dans lesquelles le juge s'était cru obligé de prononcer la nullité. Il suffit d'ailleurs qu'il soit déclaré dans la décision : « qu'il y a lieu de prononcer la nullité, » sans qu'il soit nécessaire de donner de raisons spéciales[2].

3° Les nullités de l'article 446 sont opposables même aux sous-acquéreurs de bonne foi; celles de l'article 447 ne peuvent être invoquées que contre les sous-acquéreurs de mauvaise foi (en ce qui concerne toutefois les sous-acquéreurs à titre onéreux). Quant aux sous-acquéreurs à titre gratuit, leur bonne foi ne les met pas à l'abri. Ils sont, en effet, soumis en droit civil à l'action Paulienne; en matière commerciale le système des nullités que nous étudions étant en général beaucoup plus sévère, ils ne peuvent pas être traités plus favorablement.

On voit, d'après ce qui vient d'être dit, que le système de l'article 447 du Code de commerce présente avec l'action Paulienne du droit civil plus de rapports que celui de l'article 446. Néan-

1. Aix, 19 janvier 1871. Cass., 14 avril 1863.
2. Rejet, 18 mars 1870, 13 avril 1870. M. Boistel. T. I, p. 678.

moins, il existe entre notre article 447 et l'article 1167 du Code civil des différences saillantes. Ainsi :

1° Il faut pour qu'un acte à titre onéreux puisse être attaqué en vertu de l'article 1167 C. N., qu'il ait été fait par le débiteur en fraude de ses créanciers, et de plus que le tiers qui a traité avec lui ait participé à la fraude. La fraude consiste ici dans la connaissance de l'état d'insolvabilité créé ou aggravé par l'acte en question. — L'article 447 C. C. exige qu'il y ait eu de la part du tiers avec qui le débiteur a traité, connaissance de la cessation de paiements. Or la cessation de paiements et l'insolvabilité sont deux choses différentes.

2° On ne peut attaquer par l'action paulienne le paiement d'une dette échue ; l'article 447 permet au contraire de faire annuler un tel paiement si le créancier a connaissance au moment où il a été fait de la cessation de paiements de son débiteur.

3° La révocation d'un acte prononcée conformément à l'article 1167 C. N., ne profite qu'aux créanciers dont le droit était né antérieurement à cet acte, et ils peuvent seuls la demander. Au contraire, l'annulabilité résultant de l'article 447 C. C., est invoquée par les syndics au nom de tous les créanciers sans distinction ; or il peut se faire que certains d'entre eux n'aient acquis leurs droits que postérieurement à la cessation de paiements, puisque le débiteur a pu s'obliger valablement à titre onéreux après cette époque.

D'ailleurs la nullité prononcée en vertu de l'article 1167 C. N., et celles résultant des articles 446 et 447 C. C., ont toutes un point commun, c'est qu'elles ne peuvent être invoquées que par les créanciers et non par le débiteur lui-même. L'article 447 ne le dit pas expressément; mais cette solution ressort clairement de l'esprit de la loi; à ce point de vue rien ne saurait justifier une différence entre les cas prévus par ces trois articles.

Donnons maintenant quelques explications sur les actes qui sont annulables aux termes de l'article 447 C. C. Ce sont d'abord tous les actes à titre onéreux autres que ceux régis par l'article 446, et les paiements qui ne sont pas soumis à la nullité de droit établie par cet article, c'est-à-dire les paiements pour dettes échues, effectués en espèces ou en effets de commerce. (Voyez art. 446.)

Parmi les actes à titre onéreux, il en est un qui donne lieu à une difficulté; c'est le partage auquel un commerçant aurait pris part depuis la cessation de ses paiements. Les droits des créanciers peuvent être en effet lésés dans le partage d'une succession par divers arrangements; il peut se faire qu'on attribue à l'héritier qui est leur débiteur, une part moindre que celle à laquelle il a droit, qu'on le soumette indûment au rapport, qu'on mette à sa charge une soulte indue ou exagérée, qu'on exerce à son préjudice des prélèvements, qu'on attribue à l'un de ses cohéritiers un immeuble hypothéqué par lui durant l'indivision. Au premier abord il semble bien que l'article 447 dont les termes sont généraux, doit s'appliquer au partage. Mais, ce qui soulève la difficulté annoncée c'est la disposition contenue dans l'article 882 in fine C. N. Cet article est ainsi conçu : « *Les créanciers d'un copartageant, pour éviter que le partage ne soit fait en fraude de leurs droits, peuvent s'opposer à ce qu'il y soit procédé hors de leur présence ; ils ont le droit d'y intervenir à leurs frais. Mais ils ne peuvent attaquer un partage consommé, à moins toutefois qu'il n'y ait été procédé sans eux et au préjudice d'une opposition qu'ils auraient formée.* » — Ainsi cet article fait exception au principe posé dans l'article 1167 C. N. Restreint-il également l'application de l'article 447 du Code de commerce ? — Cette question est très-débattue.

Nous croyons qu'il vaut mieux décider que l'article 447 s'applique au partage comme aux autres actes. Le Code de commerce établit, en effet, un système de nullités indépendant de celui du Code civil, destiné à protéger plus énergiquement les créanciers. On ne doit donc pas y transporter une disposition restrictive comme celle de l'article 882. En un mot, si la loi commerciale est plus favorable aux créanciers que l'article 467 du

Code civil, à plus forte raison doit-elle l'être davantage que l'article 882 du même Code. Si les rédacteurs de la loi de 1838 avaient voulu reproduire l'exception de l'article 882, il leur eût été bien facile d'ajouter à la fin de l'article 447 le membre de phrase suivant : « *Sauf ce qui est dit dans l'article 882 du Code civil pour le partage.* » — Au reste, le partage ne sera annulé que si tous les copartageants avaient connaissance de la cessation de paiements. Il n'y a donc là rien de contraire à l'équité[1].

Passons maintenant aux paiements. Il ne s'agit ici, avons-nous dit, que de paiements effectués en espèces ou en effets de commerce pour dettes échues.

On s'est demandé à ce sujet si le paiement fait à la suite d'une saisie pratiquée par un créancier ne devait pas échapper à l'application de notre article 447, ce paiement n'étant pas un acte spontané du débiteur qui se trouve en quelque sorte contraint de le faire. Mais notre article ne distinguant pas, nous croyons qu'il faut déclarer un tel paiement annulable comme les autres. — Le législateur a voulu l'égalité entre les créanciers. Il ne faut pas que les créanciers prévenus soient désintéressés au détriment des autres. Le débiteur ne doit pas les payer, et s'il est poursuivi, il doit

1. Demangeat sur Bravard. P. 262, note 1. — V. la fin de cette note qui se prolonge jusqu'à la page 267. Contrà. Colmar, 19 janvier 1856.

faire cesser les poursuites en déposant son bilan[1].

Dans le cas de saisie-arrêt faite par l'un des créanciers du commerçant qui a cessé ses paiements entre les mains de l'un des débiteurs de ce commerçant, il faut distinguer : Si le jugement de validité de cette saisie-arrêt n'est pas passé en force de chose jugée avant le jugement déclaratif de la faillite, comme le tiers saisi ne peut pas encore payer entre les mains du saisissant, la créance fait encore partie de l'actif du saisi au moment du jugement déclaratif; elle fait donc partie du gage de la masse comme si aucune saisie-arrêt n'avait été faite. Dans le cas contraire, la masse ne pourra plus méconnaître de plano la saisie-arrêt, mais elle pourra l'attaquer en vertu de l'article 447, si elle a été faite par un créancier qui connaissait la cessation de paiements[2].

L'article 449 établit une disposition particulière pour le paiement des lettres de change et des billets à ordre effectué à l'échéance, mais après la cessation de paiements : « *Dans le cas*, dit cet article, *où des lettres de change auraient été payées après l'époque fixée comme étant celle de la cessation de paiements et avant le jugement déclaratif de faillite, l'action en rapport ne pourra*

---

1. M. Boistel. T. 1, p. 679. En ce sens égal. Bédarride, n° 119 quater. Demangeat sur Bravard, p. 262, note 1.
2. Demangeat sur Bravard, p. 262, note 1. Paris, 18 août 1860.

être intentée que contre celui pour compte duquel la lettre de change aura été fournie. — S'il s'agit d'un billet à ordre, l'action ne pourra être exercée que contre le premier endosseur. — Dans l'un et l'autre cas, la preuve que celui, à qui on demande le rapport, avait connaissance de la cessation de paiements à l'époque de l'émission du titre devra être fournie. »

La disposition de cet article est une innovation de la loi de 1838. Elle n'existait ni dans le Code de 1807 ni dans la législation antérieure. Voici la raison de cette exception à la règle de l'article 447 : le législateur en soumettant au rapport le créncier qui reçoit en connaissance de cause le paiement de ce qui lui est dû après la cessation de paiements de son débiteur, ne fait que le rétablir dans la situation où il serait s'il n'avait rien touché. Or, le porteur d'une lettre de change, si on lui imposait la même obligation, se trouverait dans une situation plus fâcheuse que s'il n'avait pas reçu son paiement. En effet, quand une lettre de change n'est pas payée à l'échéance, le porteur a un recours contre le tireur et les endosseurs, mais cela à condition d'avoir fait constater le refus de paiement par un protêt le lendemain du jour de l'échéance, et d'exercer son action récursoire dans la quinzaine qui suit le protêt (sauf augmentation du délai à raison des distances). (Art. 161 à 165, 168 C. C.) Mais dans notre espèce, lorsqu'il a été payé à l'échéance, il ne peut pas faire de protêt ni par conséquent exercer d'action en recours. Donc s'il était obligé de rapporter ce qu'il a reçu, il perdrait aussi les garanties sur lesquelles il a justement compté, et cela sans qu'on puisse lui adresser aucun reproche, car il n'a fait que se conformer aux prescriptions de la loi, puisqu'il était obligé sous peine de déchéance de réclamer le paiement.

N'aurait-on pas pu dispenser dans ce cas le porteur de l'obligation de faire protester le lendemain de l'échance et lui conserver néanmoins ses garanties? — Non. — Il eût été injuste de prolonger ainsi contre le tireur et les endosseurs un recours déjà particulièrement rigoureux. — D'autre part, si l'on eût adopté ce système, ces personnes, solvables au moment de l'échéance, ne le seraient peut-être plus au jour où le paiement fait au porteur serait annulé, et celui-ci n'aurait alors à sa disposition qu'un droit de recours illusoire.

Ainsi le paiement fait au porteur après la cessation de paiements reste valable à son égard; mais le rapport peut être demandé à celui pour le compte de qui la lettre de change a été tirée, c'est-à-dire au tireur ou au donneur d'ordre, pourvu qu'il ait connu la cessation de paiements du tiré à l'époque de l'émission du titre. Peu importe qu'il ait connu cette cessation à l'époque du paiement, car une fois la lettre de change tirée et entre les mains du porteur, le rôle du tireur est complétement terminé et ce qui arrive ne dépend plus de sa volonté. On ne peut donc lui faire aucun reproche. La disposition de la loi est logique sur ce point; mais il eût fallu distinguer entre le cas où le tireur a agi pour son compte et celui où il a tiré la lettre pour le compte d'un donneur d'ordre; dans ce dernier cas il semble bien qu'on aurait dû exiger la mauvaise foi, non au moment où la lettre est tirée, mais au moment où l'ordre est donné. Quoi qu'il en soit, cette distinction n'a pas été faite, et les termes de l'article 449 sont formels.

Le tireur ainsi obligé de rapporter exercera ses droits avec les autres créanciers du tiré s'il a fourni la provision. Il aura droit ou à simple dividende, si la provision consiste en une créance sur le tiré, ou à la restitution des objets, si elle consiste en choses corporelles qui ont été livrées au tiré, mais sans que le tiré en soit devenu propriétaire.

L'article 449, comme nous l'avons vu, contient une disposition particulière pour le cas d'un billet à ordre. Un commerçant qui est déjà en état de cessation de paiements souscrit un billet à ordre au profit de l'un de ses créanciers, et le jour de l'échéance, il paie le montant de ce billet. Les autres créanciers pourront-ils exercer contre le porteur ainsi payé l'action en nullité conformément à l'article 447? — Oui, si le porteur n'est autre que celui au profit de qui le billet a été souscrit. Mais si le bénéficiaire a endossé ce billet, si le porteur qui a reçu le paiement n'est qu'un ces-

19

sionnaire, les créanciers ne pourront exercer de recours que contre le premier endosseur. On devra examiner s'il a connu la cessation de paiements du souscripteur au moment où il a transmis le billet par endossement. C'est là le moment de l'émission du titre.

Cette solution se comprend. Le législateur en établissant les dispositions de l'article 449 a voulu favoriser la circulation des effets de commerce. Or il ne saurait être question de l'intérêt de cette circulation dans le cas où c'est le bénéficiaire du billet à ordre qui en est encore porteur à l'échéance. Au contraire, quand c'est un tiers qui touche le paiement, le premier endosseur du billet à ordre joue le même rôle que le tireur d'une lettre de change, et c'est contre lui qu'on devra recourir.

Le premier endosseur comme le tireur d'une lettre de change pourra, lorsqu'il aura été soumis au rapport, recourir contre la faillite pour se faire indemniser. Il agira comme porteur du billet, en un mot il se trouvera dans la même position où il serait s'il n'avait pas endossé le billet[1].

Remarquons que l'article 449 n'entend protéger le porteur que si le paiement a été fait normalement et à l'échéance. Aussi peut-il se présenter des espèces dans lesquelles le porteur pourra être actionné en rapport, par exemple s'il a reçu

---

1. Bravard, p. 277.

le paiement d'une lettre de change non échue, ce cas rentre dans l'article 446 et l'article 449 ne déroge qu'à l'article 447[1] — ou encore s'il fait un arrangement avec le tiré au lieu de recevoir purement et simplement le paiement.

D'ailleurs l'application de l'article 449 est nécessairement restreinte dans la pratique à des cas très-peu nombreux, car il suppose un concours de circonstances qui sont bien rarement réunies. Il faut en effet que le tireur ait eu connaissance de la cessation de paiements au moment où il a créé la lettre de change, ce qui devrait lui faire craindre qu'elle ne soit pas payée à l'échéance; que ce tireur trouve un preneur à l'époque de l'émission, alors que le tiré est en état de cessation de paiements, ce qui doit rendre bien difficile le placement du titre. Il faut enfin que le tiré paie à l'échéance, ce qui est très-peu probable, car à cette époque il sera depuis bien longtemps déjà en état de cessation de paiements, puisque cet état existait déjà au moment de l'émission.

Rappelons en terminant que les actes faits par un commerçant dans la période suspecte ou même auparavant qui échapperaient aux articles 446 et 447 pourront dans certains cas être attaqués par l'action Paulienne, conformément à l'article 1167 du Code civil.

---

1. Dijon, 19 février 1868. — Lyon, 26 décembre 1866. — M. Boistel. T. 1, p. 281.

## SECTION III.

#### NULLITÉS PUREMENT FACULTATIVES.

Nous avons vu dans la première partie de ce travail qu'après le jugement déclaratif, aucune inscription de privilége ou d'hypothèque ne pouvait plus en principe être prise sur les biens du failli. Telle est la décision que l'on tire a contrario de l'article 448; le second alinéa de cet article s'occupe du sort des inscriptions prises après l'époque de la cessation de paiements ou dans les dix jours précédents, et c'est ce passage que nous devons expliquer pour compléter notre étude sur les effets de la cessation de paiements. Les développements que nous avons donnés plus haut (chapitre vi, 1<sup>re</sup> partie) nous dispensent d'ailleurs d'insister longuement sur ce point.

Relisons l'article 448 : « *Les droits d'hypothèque et de privilége valablement acquis pourront être inscrits jusqu'au jour du jugement déclaratif. Néanmoins, les inscriptions prises après l'époque de la cessation de paiements ou dans les dix jours qui précèdent, pourront être déclarées nulles s'il s'est écoulé plus de quinze jours entre la date de l'acte constitutif de l'hypothèque ou du privilége et celle de l'inscription.*

Ainsi la loi a voulu empêcher les créanciers hypothécaires de tromper, même involontairement, les tiers qui pourraient traiter avec le débiteur commerçant après la constitution du droit d'hypothèque. Néanmoins il était nécessaire de leur laisser un certain temps pour s'inscrire. La loi leur accorde quinze jours, plus : « ... *un jour par cinq myriamètres de distance entre le lieu où le droit d'hypothèque aura été acquis et le lieu où l'inscription sera prise.* » (Art. 448 *in fine*.)

La nullité édictée par cet article 448 2° al. se distingue à plusieurs points de vue de celles que nous avons étudiées dans les sections précédentes. Si nous la comparons d'abord à celles de l'article 446, nous trouvons qu'elle en diffère en ce qu'elle n'est pas obligatoire pour le juge. A ce point de vue elle se rapproche donc davantage de celles de l'article 447. Mais elle se sépare de ces dernières par deux points :

1° Il n'est pas nécessaire pour qu'elle puisse être prononcée que le créancier ait connu le mauvais état des affaires du débiteur. Le juge a ici un pouvoir d'appréciation absolu; il doit examiner s'il y a eu négligence et si les tiers ont pu être trompés sur la fortune du débiteur par le défaut de publicité de l'hypothèque; il pourrait donc refuser d'annuler une inscription prise plus de quinze jours après la constitution du droit qu'elle était destinée à conserver si ce retard lui paraissait résulter de circonstances susceptibles de le justifier; il pourrait même déclarer valable une inscription tardive, en cas de négligence du créancier, si le débiteur n'avait pas contracté de nouvelles dettes entre l'expiration du délai de quinze jours et le jour de l'inscription; la nullité n'aurait plus alors d'objet, car elle est destinée à protéger les créanciers nouveaux, ceux qui n'auraient pas contracté, s'il avaient connu l'hypothèque ou le privilège qui grevait les biens du débiteur, et ceux-là seuls peuvent se plaindre qu'il ait contracté postérieurement à l'expiration du délai de quinze jours accordés au créancier pour s'inscrire, car c'est seulement après ces quinze jours que le créancier est en faute et que son retard peut être critiqué[1].

2° Il s'agit ici d'inscriptions prises non-seulement après la cessation de paiements, mais aussi dans les dix jours précédents.

1. Bravard. T. v, p. 286.

# POSITIONS.

### DROIT ROMAIN.

I. — L'action Paulienne a précédé la loi Ælia Sentia.

II. — L'action Paulienne réelle a précédé l'action personnelle.

III. — Le point de départ du délai pendant lequel l'action Paulienne peut être exercée est le jour de la *venditio bonorum*.

IV. — Dans la loi 6, §10, D. *De his quæ in fraud. cred.*, il s'agit d'un acte à titre onéreux, fait par un pupille.

V. — L'action Paulienne ne peut être exercée, en Droit romain, contre la femme mariée, à raison de la dot qui lui a été constituée, que si elle est de mauvaise foi.

VI. — Les créanciers hypothécaires peuvent exercer l'action Paulienne.

VII. — A l'époque classique, *l'arbitrium judicis* était susceptible d'exécution *manu militari* toutes les fois qu'il s'agissait simplement de lever un obstacle de fait.

VIII. — Le paiement d'une dette chirographaire échue avant la *missio in possessionem*, est valable et ne peut jamais être attaqué.

IX. — Dans le cas de paiement d'une dette chirographaire non échue, mais dont l'échéance devait arriver avant la *missio in possessionem*, ou d'une dette qui, à raison d'une cause légitime de préférence, devait être payée intégralement après la *missio in possessionem*, l'action Paulienne doit être donnée à l'effet de faire rendre par le créancier payé l'*interusurium*, c'est-à-dire les intérêts du jour du paiement au jour de l'échéance.

X. — En cas de paiement d'une dette dont l'échéance ne devait arriver qu'après la *missio in possessionem*, et qui ne devait donner droit qu'à un simple dividende, le créancier payé est soumis à l'action Paulienne, à l'effet de rendre une somme égale à la différence entre ce qu'il a reçu et le dividende qu'il aurait dû recevoir.

## HISTOIRE DU DROIT FRANÇAIS.

I. — L'ordonnance de 1673 avait établi en matière de faillite une nullité de plein droit, et non une nullité subordonnée à la preuve de la fraude.

II. — L'origine du ministère public se rattache au développement que prirent, à mesure que les pouvoirs royaux s'étendirent, les attributions des procureurs ou avocats du roi, et non à l'institution des avocats du fisc à Rome.

## DROIT FRANÇAIS.
### DROIT CIVIL ET COMMERCIAL.

I. — Les voies d'exécution commencées par les créanciers chirographaires contre un commerçant, avant sa faillite, ne peuvent être continuées après le jugement déclaratif.

II. — En raison de principe de l'exigibilité des dettes, les créanciers privilégiés ou hypothécaires peuvent, dès le jugement déclaratif, faire vendre les immeubles qui leur sont affectés.

III. — Le créancier hypothécaire dont la créance est productive d'intérêts peut prendre une inscription particulière pour les intérêts, nonobstant le jugement déclaratif.

IV. — Le créancier hypothécaire qui n'est pas intégralement payé sur le prix de l'immeuble hypothéqué, peut, conformément à l'article 1254 du Code civil, imputer d'abord sur ce qu'il reçoit les intérêts de sa créance.

V. — Le jugement déclaratif confère à la masse une véritable hypothèque sur les immeubles du failli.

VI. — Après l'expiration du délai d'un an qui leur est accordé par la loi du 23 mars 1855 (art. 8), les mineurs, les interdits et les femmes mariées ne peuvent plus inscrire leur hypothèque, s'il y a eu déclaration de faillite du tuteur ou du mari.

VII. — La transcription effectuée après le jugement déclaratif ne peut rendre efficace à l'égard de la masse le privilége du vendeur.

VIII. — Le vendeur, auquel le jugement déclaratif enlève le droit d'inscrire ou de transcrire utilement à l'effet d'opposer son privilége à la masse, conserve néanmoins son action en résolution.

IX. — Les priviléges pour l'inscription desquels la loi a déterminé un certain délai, peuvent être inscrits nonobstant le jugement déclaratif de faillite du débiteur, si ce délai n'est pas encore expiré.

X. — Le défaut de transcription d'une donation peut être opposé au donataire par les créanciers chirographaires de la faillite du donateur.

XI. — Celui qui acquiert sur un immeuble un droit soumis à la transcription par la loi du 23 mars 1855, peut encore faire transcrire utilement, après la déclaration de faillite du concédant, à l'effet d'opposer son droit à la masse. Mais il ne le peut plus dès que l'inscription requise par l'article 490 (3ᵉ alinéa) du Code de commerce a été prise par les syndics.

XII. — Les nullités des articles 446 et suivants du Code de commerce ne peuvent être prononcées par les tribunaux civils, s'il n'y a pas eu déclaration de faillite émanant d'un tribunal de commerce.

XIII. — La constitution de dot faite par un tiers au profit de la femme s'analyse (en Droit français), en un contrat à titre gratuit à l'égard de la femme, à titre onéreux à l'égard du mari.

XIV. — Le partage est soumis à l'article 447 du Code de commerce.

### DROIT CRIMINEL.

I. — Les tribunaux criminels ne peuvent condamner comme banqueroutier un commerçant qui n'a pas été déclaré en faillite par un tribunal de commerce.

II. — La tentative d'avortement provenant d'une personne autre que la femme enceinte ne peut être punie que si elle a été suivie de réussite.

### DROIT ADMINISTRATIF.

I. — Les cours d'eau non navigables ni flottables sont la propriété des riverains.

II. — L'autorisation d'un établissement dangereux, incommode et insalubre ne met pas obstacle à ce que les tiers obtiennent une indemnité devant les tribunaux civils.

# TABLE DES MATIÈRES.

## DROIT ROMAIN.

DE LA RÉVOCATION DES ACTES FAITS PAR LE DÉBITEUR EN FRAUDE DE SES CRÉANCIERS.

### PREMIÈRE PARTIE.

#### CHAPITRE I.

Pages.

Des voies d'exécution sur les débiteurs en Droit romain. — Pignoris capio. — Nexum. — Manus injectio. — Bonorum sectio. — Bonorum venditio. — Bonorum distractio. . . . . . . . . . . . . . . . . . 2

#### CHAPITRE II.

Des différentes voies de recours accordées aux créanciers contre les actes de leurs débiteurs. . . . . . 16
Loi Ælia Sentia . . . . . . . . . . . . . . . . . . . 16
Actions Favienne et Calvisienne . . . . . . . . . . . 26
Interdit fraudatoire . . . . . . . . . . . . . . . . 28
Action Paulienne . . . . . . . . . . . . . . . . . . 30

### SECONDE PARTIE.

#### CHAPITRE I.

De l'action Paulienne personnelle. . . . . . . . . . . 43

##### SECTION I.

Des caractères de l'action Paulienne et de sa durée . . 43

##### SECTION II.

Des conditions d'exercice de l'action Paulienne. . . . 86

### SECTION III.

A qui est donnée l'action Paulienne et qui en profite .................... 73

### SECTION IV.

Contre qui l'action Paulienne est donnée ....... 78

### SECTION V.

Des actes qui sont soumis à l'action Paulienne .... 82

### SECTION VI.

Des effets de l'action Paulienne............. 103

## CHAPITRE II.

De l'action Paulienne réelle .............. 109

## DROIT FRANÇAIS.

**DES EFFETS DU JUGEMENT DÉCLARATIF DE FAILLITE.**

Généralités..................... 113

## PREMIÈRE PARTIE.

Effets du jugement déclaratif dans l'avenir ...... 116
Division...................... 116

## CHAPITRE I.

Dessaisissement du failli................ 117

### SECTION I.

De la nature du dessaisissement ........... 117

#### SECTION II.

Des biens compris dans le dessaisissement. . . . . . . 121

#### SECTION III.

Époque à laquelle commence le dessaisissement. . . . 128

#### SECTION IV.

Des effets du dessaisissement quant aux actes du failli . . . . . . . . . . . . . . . . . . . . . . 130

#### SECTION V.

De la modification qu'apporte le dessaisissement dans l'exercice des actions . . . . . . . . . . . . . . . 136

### CHAPITRE II.

Suspension des voies d'exécution individuelles . . . . 142

#### SECTION I.

Exposition du principe. Sa portée. . . . . . . . . . . 142

#### SECTION II.

Exceptions au principe de la suspension des voies d'exécution individuelles. . . . . . . . . . . . . . 148

#### SECTION III.

De la faculté d'intervention qui peut être accordée au failli. . . . . . . . . . . . . . . . . . . . . . . 154

### CHAPITRE III.

Exigibilité des dettes du failli . . . . . . . . . . . 157

#### SECTION I.

Exposition du principe. Sa portée . . . . . . . . . . 157

### SECTION II.

Des créanciers hypothécaires, privilégiés sur les immeubles, et nantis. . . . . . . . . . . . . . . . 165

### SECTION III.

Des droits du propriétaire des immeubles affectés à l'industrie ou au commerce du failli, et des locaux dépendant ? immeubles, et servant à l'habitation du failli et de sa famille. . . . . . . . . . . . . 169

### SECTION IV.

Des coobligés et des cautions du failli. — Du cas spécial de faillite de l'un des signataires d'une lettre de change ou du souscripteur d'un billet à ordre. . 179

## CHAPITRE IV.

Cessation du cours des intérêts. . . . . . . . . . . . . 189

## CHAPITRE V.

Création au profit de la masse d'une hypothèque sur les immeubles du failli. . . . . . . . . . . . . . . . 198

## CHAPITRE VI.

Inefficacité à l'égard de la masse des nouvelles inscriptions de priviléges et d'hypothèques. . . . . . . . 204
Généralités. . . . . . . . . . . . . . . . . . . . . . . . 204

### SECTION I.

Du principe de l'article 448, 1er alinéa, et de sa portée. — De l'inscription des hypothèques . . . . 207

### SECTION II.

De l'inscription des priviléges . . . . . . . . . . . . 212

### SECTION III.

L'article 448 s'applique-t-il à des actes autres que les inscriptions de priviléges et d'hypothèques ?.... 234

## CHAPITRE VII.

Effets du jugement déclaratif quant à la personne du failli ........................ 247

### SECTION I.

Des incapacités qui frappent le failli ......... 247

### SECTION II.

De l'influence du jugement déclaratif sur la personne et la liberté du failli................ 248

## SECONDE PARTIE.

Effets de la cessation de paiements ou effets du jugement déclaratif dans le passé............. 252
Généralités et historique................ 252

### SECTION I.

Des actes nuls de droit................. 261

### SECTION II.

Des actes annulables.................. 279

### SECTION III.

Des nullités purement facultatives .......... 290

*Vu par le président de la thèse :*
E. BONNIER.

*Vu : Le doyen,* G. COLMET D'AAGE.

*Vu et permis d'imprimer,*
*Le Vice-Recteur de l'Académie de Paris,*
A. MOURIER.

PARIS. — TYPOGRAPHIE LAHURE
Rue de Fleurus, 9

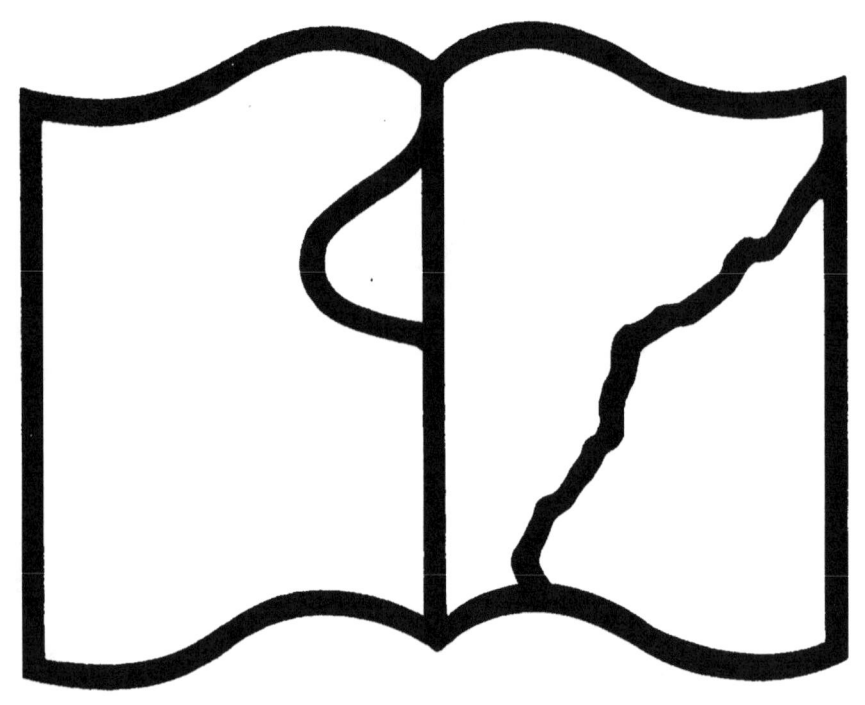

Texte détérioré — reliure défectueuse

**NF Z 43**-120-11

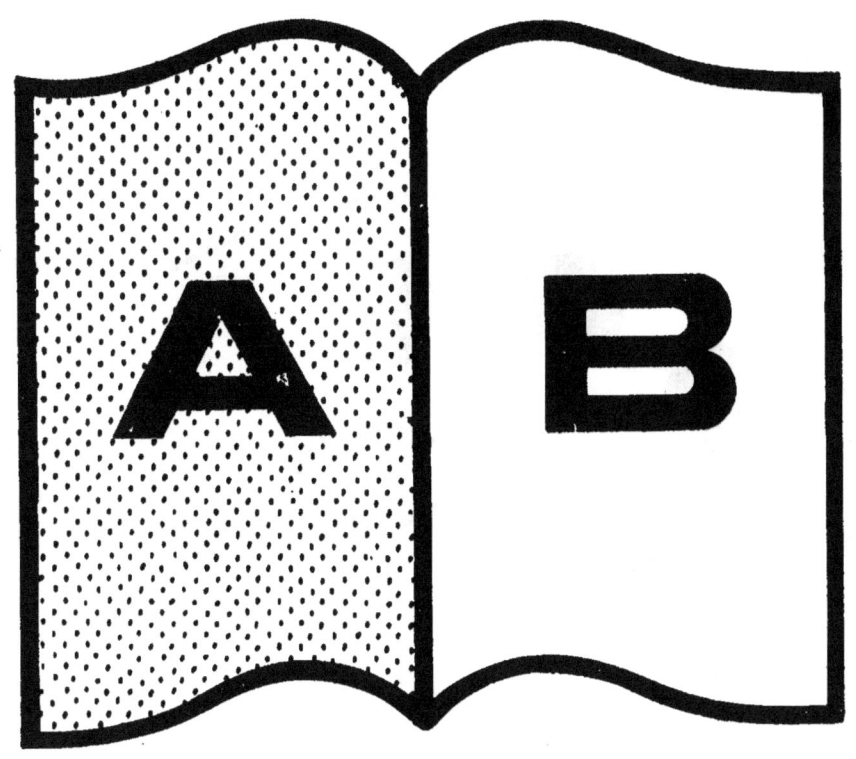

Contraste insuffisant

**NF Z 43**-120-14

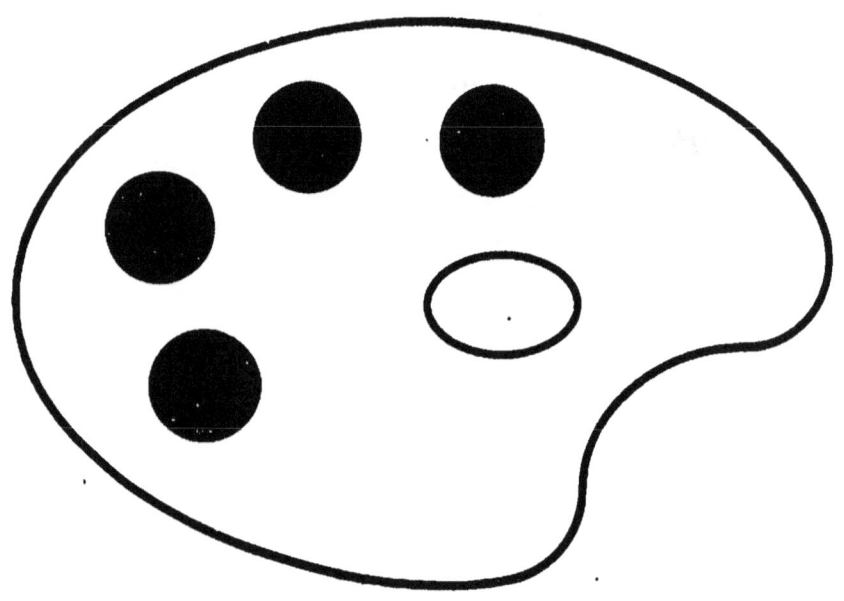

Original en couleur
NF Z 43-120-8

www.ingramcontent.com/pod-product-compliance
Lightning Source LLC
Chambersburg PA
CBHW071339150426
43191CB00007B/792